碾压式竞争

3年，助力28家企业借势碾压，
成为细分行业第一的实战方法论

蒋桦伟　著

电子工业出版社·
Publishing House of Electronics Industry
北京·BEIJING

图书在版编目（CIP）数据

碾压式竞争 / 蒋桦伟著 . -- 北京 ：电子工业出版

社，2025. 1. -- ISBN 978-7-121-49350-8

Ⅰ . F279. 243

中国国家版本馆 CIP 数据核字第 20244VQ698 号

责任编辑：吴亚芬
印　　刷：北京宝隆世纪印刷有限公司印刷
装　　订：北京宝隆世纪印刷有限公司印刷
出版发行：电子工业出版社
　　　　　北京市海淀区万寿路173信箱　　邮编100036
开　　本：720×1000　1/16　　印张：13.75　字数：220千字
版　　次：2025年1月第1版
印　　次：2025年3月第3次印刷
定　　价：99.00元

凡所购买电子工业出版社图书有缺损问题，请向购买书店调换。若书店售缺，请与本社发行部联系，联系及邮购电话：（010）88254888，88258888。

质量投诉请发邮件至zlts@phei.com.cn，盗版侵权举报请发邮件至dbqq@phei.com.cn。

本书咨询联系方式：（010）88254199，sjb@phei.com.cn。

推荐序一

　　《碾压式竞争》一书即将问世，对广大企业家，尤其是中小企业家，将带来巨大的裨益。我熟识此书作者蒋桦伟已十余年，他曾随我学习《易经》文化，并致力于将《易经》文化融入企业文化与企业管理之中，取得了一系列成果。多年来，许多著名机构和学府常邀请他讲学，我对此感到欣慰与兴奋。

　　在疫情于全球暴发后，企业的经营与发展受到了很大影响，尤其是对中小企业而言。当前，疫情已经过去，企业正处于复苏和重新发展之中。然而，深受打击的中小企业能否再站起来、再向前发展、再欣欣向荣，并非易事。蒋桦伟的新著论述了中小企业如何化弱为强、如何在激烈的工商业竞争中站稳、生存、发展、优胜，专门提出并论述了品牌竞争的模式与方法，这将成为中小企业生存、发展与取胜的"法宝"之一。作者明确指出，在确保产品质量的前提下，中小企业应关注"三抢"——抢关注、抢流量、抢首选，以创造有影响力的企业品牌，从而使企业不断壮大。

　　蒋桦伟是一家著名营销策划公司国牌智造的创办人兼负责人，其对公司的管理以高度重视企业文化而闻名，因此深受众多企业的关注与效仿，被誉为"新锐营销专家"。十余年来，他曾在各种场合发表关于企业文化与企业品牌创建的演讲，受到了热烈欢迎。当你阅读作者的新著时，虽不见其人，但可闻其声、学其识。希望广大中小企业家，无论是在顺境还是逆境中，都能抽出时间认真阅读此书，相信一定会有所收获，对企业有所帮助。

期待"碾压式竞争"系统能够帮助更多处于困境中的中小企业，借势碾压，以最低成本实现化弱为强、以小博大，用若干年时间使自身企业成为行业一流的企业。

祝愿有梦想、有抱负、有使命感的企业家能够打造出让国人自豪的民族品牌，闻名华夏，享誉世界，造福人类。

清华大学继续教育学院副院长

甲辰年乙亥月

很荣幸能为蒋老师作序。蒋老师给我留下的深刻印象不仅是品牌竞争专家，更是具有深厚国学底蕴和艺术气质的人。未曾想到，走进他的办公室，墙上挂满了服务客户的案例，每个案例都精心装裱。上面详细描述了客户当时的挑战、蒋老师团队所采取的行动、取得的成果以及客户对蒋老师团队的评价。这些客户案例基本都是细分领域的独角兽，其中不少也是家喻户晓的大品牌，显然，大部分案例都涉及蒋老师团队对这些客户的战略深度变革。

蒋老师分享这些案例花费了将近两个多小时，仿佛每个案例都能将他带回当时服务客户的场景。与蒋老师相处这么久，他大多时刻是沉默、内敛、谦逊的，但一谈到客户，他的兴奋和骄傲能瞬间调动人的情绪，我能从他的眼中看到光芒。

实际上，蒋老师是我的"夏晋宇大片课"的首批学员。他说看完大纲就报名了，听完课后一定要请我给他磨课。他告诉我，他在品牌竞争领域深耕了20多年，一直有个梦想，就是将这套服务客户的百万咨询方法论分享给更多企业家。

我从事培训行业近20年，越是研究磨课技术，越是敬畏这个行业，越是对给老师磨课持慎重态度。我一方面担心咨询会耗费太多精力，另一方面更担心满足不了老师的深切期望。

但蒋老师的这套独特方法论让我震撼，他重新定义了什么是好品牌：自带强势能，出场碾全场。蒋老师认为，如果一个品牌出场不够强势，不能自带势能，出场就意味着出局。但大部分中小企业品牌都比较弱势，一出生就带病上场，最终在市场上苟延残喘，慢慢煎熬。

蒋老师团队的解决方案是什么呢？品牌一定要强势，一定要碾压。中小企业品牌如何强势？唯有借势。蒋老师提出借六势。

越是研究蒋老师团队的这套理论，越是深陷其中，不能自拔。能为蒋老师磨课是我的荣幸。早期在讨论这套方法论时，我们几乎每天连线一个多小时，发现突破时晚上都会兴奋得睡不着觉，有时凌晨还在微信上相互分享最近的研究成果。我们坚信这套方法论可以帮助更多企业，正因为如此，我们才更加期待能把这本书推荐给更多企业家。

实际上，在认识蒋老师之前，他早已是各大商学院的座上宾。他为什么要下定决心从头开始？就是要找到更多中小企业的品牌成功规律。我相信蒋老师的这份初心和情怀一定能让更多企业受益。能为蒋老师的这份初心尽一份绵薄之力，我倍感荣幸，也祝愿蒋老师的"碾压式竞争"理论能普及给更多人，让更多的品牌一出场就秒全场，成就更多的国际品牌。

夏晋宇

磨课学院创始人

非常荣幸参与了蒋桦伟老师从课程到书籍的全过程。记得一年前，我与蒋桦伟老师在黑鲨名师磨课学院讨论课程研发的问题。当时蒋老师提出了一个课题"碾压式竞争"，这个课题总结了蒋老师多年的实践经验，并通过这套逻辑成功咨询了很多企业。蒋老师在中国商业讲师打造专家、磨课学院创始人夏晋宇老师的悉心指导下，提炼出了很多行之有效的方法论，形成了今天的这本书《碾压式竞争》。

"碾压式竞争"这个课程一经推出便震撼人心。何谓碾压式竞争？一出场即秒全场，在极致竞争的时代，必须实现绝对的竞争优势，才能脱颖而出。不能出场秒全场，就意味着被淘汰。蒋老师的这套逻辑非常符合我们这个时代，各行各业都面临着前所未有的挑战，到处都是竞争。这就需要企业的创始人能够站在更高的维度去思考问题，如何才能不被竞争淘汰，那就需要强大的势能。这就是蒋老师"碾压式竞争"课程的逻辑："自带强势能、出场碾全场！"这才是真正具有核心竞争力的企业。

蒋老师总结了碾压式竞争的六步法，非常精彩：

第一，借赛道势。十倍的创新赛道才是有势能的赛道。一个企业是否能持续从优秀到卓越，赛道至关重要。找赛道很难，找新赛道更难。蒋老师从新场景、新人群、新渠道三个维度精准定义出了新赛道。这套逻辑简单实用，落地性很强。

第二，借地位势。拉开与竞争对手的差距，不与竞争对手纠缠，形成十倍竞争壁垒，做到这一点很难。蒋老师认为关键在于品牌的市场地位，是否能抢占行业制高点，是否能让用户信任，让品牌文化深入人心，一语道破了品牌地位的重要性！

第三，借认知势。就是不要花重金教育用户，不砸广告。借助公有大共识、大认知为品牌所用。让用户不选择别人，只选择你，非你莫属！这就需要一系列的策划，通过品牌名、品类名、广告语让用户对你印象深刻，喜欢你并选择你。这一点我感触深刻，黑鲨名师磨课学院的广告语是"一门课一个亿的方法论"，这是通过对咨询客户的成果定义而成的，很多老师看到这个广告词就报名了我们的课程。我问，为什么报名？他们说，希望自己的课程也能成为爆款课程，实现社会价值同时也能卖一个亿！

第四，借产品势。满足用户需求，创造十倍价值。我们现在经常提一个词：超级单品。那如何成为超级单品？蒋老师从放大功能、放大体验、放大颜值三个方面进行了诠释。这个逻辑让人眼前一亮。让我想起了苹果手机、新能源汽车，确实这个时代不仅需要产品有良好的性能，更需要极致的体验，还有最重要的就是颜值！

第五，借图腾势，也就是LOGO视觉等方面。蒋老师绝对是视觉领域的专家，无论是LOGO的设计、颜色的选择，还是数字的能量，他都有自己独到的见解。在这些方面的咨询，一定要选择蒋老师，他在这方面绝对是高手中的高手！

第六，借营销势。其实也是一场战争，攻击性要强。蒋老师之前策划过很多次超级事件、超级大会、超级展会。这些都是一家企业确定江湖地位和获客的最佳手段。

这本书的实效性很强，能够帮助企业家很好地掌握这套方法论和落地工具。同时，它刷新了我们的认知，让我们站在更高的维度去思考：一家企业的战略是什么？核心竞争优势是什么？希望每一位读者都能在阅读这本书的过程中获得知识和智慧。让我们在极致竞争的时代展现出绝对的碾压式竞争优势，在逆势中持续增长。最后，期待蒋桦伟老师能在这个领域有更多的成果，帮助更多企业解决问题，写出更多品牌领域的作品！

张彦

黑鲨名师创始人

推荐序四

在极致竞争的时代，中小企业如何借大势、借大力，以最低的成本、最快的速度、最大的效果创建自己的强势品牌？

作为处于成长阶段的中国企业家，你应该听一听蒋桦伟老师的观点。

初次与桦伟相识，印象颇为深刻，桦伟的穿着打扮非常时尚，扎着小辫，留着胡须……而我则相对传统和保守，凭直觉，感觉我们似乎不是同类人。

很显然，我在用自己的尺子丈量别人。

幸亏有了后来的深入了解与密切接触，否则，我将错失一位多么优秀的朋友！

台湾著名作家、被誉为"华人最会讲故事的人"的许荣哲老师曾经讲述过一个故事：一位朋友去某地参加一个艺术活动，因为穿着打扮传统，被当地人严厉批评："你不是一个艺术家，艺术家都有自己的风格，你没有风格；艺术家没有风格，就是犯了最大的罪，罪该万死！"

这样想来，桦伟扎小辫和留胡须的行为简直是理所当然的，因为桦伟本身就是一位商业艺术家。桦伟在商学与艺术方面都有造诣，从内到外都散发着艺术家的气质。

桦伟的公司名为"国牌智造"。为何这样命名？因为他拥有一个品牌梦想：让中国品牌走向世界，让全球人听到中国品牌的声音。为了这个梦想，他已经坚持了20年！

最近，桦伟的新书《碾压式竞争》即将出版，我听闻此消息特别高兴。这本书汇集了桦伟20多年来助力中国品牌崛起的思想精髓和方法论，桦伟的深刻见解无疑可以让更多企业家受益。

这本书是一部极具创见的书，我认为每一个希望改变思维、改变命运的企业家都应该认真阅读。全书的核心思想只有一个：中小企业要想摆脱弱势地位，必须借势而上。弱势就要借势，借势就能强势，强势才能碾压！借势，是成本最低、速度最快、效果最好的成长方式！其实，无论企业大小，都要学会借势碾压！中国企业家必须从经营型企业家转变为借势型企业家！这本书通过"全程情景、全程案例、全程悬疑、全程共情"的方式娓娓道来，让企业家一看就懂，一学就会，一用就见效，对于处于发展阶段的企业家而言，无疑是一盏指路明灯。

"碾压式竞争"原本是桦伟最受欢迎的品牌课程，我身边很多朋友都听过这门课，印象极为深刻。现在，朋友们无论走到哪里都爱引用一句话："自带强势能，出场碾全场。"这句话原本是"碾压式竞争"这门课程的"钉子"。每次听他的课，我都能感受到他发自内心的想要帮助中小企业，正心、正念。"碾压式竞争"这套系统非常震撼，可以帮助处于弱势地位的企业建立强势能，碾压对手！希望这本书能够在全国大卖！

翟新兵

新商界商学院联盟秘书长

关于本书

什么是好品牌？自带强势能，出场碾全场！

一出场就要震撼行业！
一出场就要改变行业格局！
一出场就要让对手瑟瑟发抖！
一出场就要实现十倍热卖！
一出场就要获得十倍的追捧！
这，才是好品牌！

我们为什么如此定义品牌？因为这是一个极致竞争的时代，对于品牌竞争而言，开战即决战，品牌一出场就要十倍碾压对手，若出场未能爆红，一出场就意味着出局！开战即终局，只有先爆红，才可能长红，商业不会给你第二次机会，好品牌要么不出手，一旦出手就要快、狠、稳、准。

本书基于当前的竞争环境，重新定义了品牌的竞争模式。好品牌不是靠砸广告，不是慢慢熬，更不是仅仅注册一个商标。好品牌一出生就要自带强势能，出生在具有十倍新势能的赛道上，好品牌一出生就要被趋势推动，只有这样的品牌才能一出场就碾压全场。

本书洞察了中小企业在竞争中为什么处于被动地位，被对手碾压，因为99%的中小企业天生不足，先天弱势——缺乏资金、资源和背景，在与头部企业的竞争中处于劣势，夹缝中求生存，非常艰难。那么，如何化弱为强，逆势翻盘，碾压对手呢？

作者认为，弱势企业应该学会借势，借势就能变得强势，强势才能碾压对手。

借势，成本最低，速度最快，效果最好。无论企业大小，都要学会借势碾压。

中小企业的老板必须从经营型企业家转变为借势型企业家，只有这样，才能改变思维，改变命运。

如何借势？向谁借势？借什么势？

本书根据作者20年的实操经验，将这套借势碾压的方法论汇集成一套完整的方法论，并称之为"借六势、强十倍、细分做第一"。

具体包括：

- 借赛道势，创新十倍赛道
- 借地位势，挖掘十倍差距
- 借认知势，生发十倍决策
- 借产品势，放大十倍情绪
- 借图腾势，赢得十倍崇拜
- 借营销势，引爆十倍销量

通过这套系统，作者团队帮助了多个品牌成为细分行业的第一品牌。

本书通过"全场情景、全场案例、全场悬疑、全场共情"的方式，让企业家一看就懂，一学就会，一用就见效。对于处于发展阶段的企业家来说，本书无疑是一座指明灯，帮助他们摆脱弱势地位，借势而上。对于学术研究者而言，本书也有助于他们升维、换维、高维地构建新的竞争战略，提升理论水平。

本书旨在通过实践案例和理论提升，运用实操工具和方法论帮助中国超8000万个处于困境中的企业家朋友突破瓶颈，发现商机，创造十倍价值。同时，也希望陪伴更多的中国企业家穿越经济周期，走向世界，让世界听到中国品牌的声音，让国货行销全球。

这是一本专注于中国8000万中小企业如何在品牌上逆势而上的书。

市场上流行的书籍和文章大多是从世界500强企业或行业头部企业的方法论中萃取出来的，而中国99%的企业都是中小企业。他们面临的最大痛点，不是学习这些成功大企业的方法论，而是"无资金、无资源、无团队"的三无困境，我将这种现状称为"穷营销"。处于这样困境中的企业数量非常庞大。他们非常痛苦，每天盲目地奔波在寻求资源的路上，经常被轻视、被拒绝。晚上回到家，整夜难以入睡，为如何为员工发工资而焦虑。

我亲眼目睹了一位中小企业的老板好不容易接到一个小订单，但对方迟迟不肯支付余款，无奈，最后他都给客户跪下了。

8000万中小企业还有机会吗？

草根创业者能否绝地翻盘？

我从2003年开始自主创业，一路陪伴超过100家同样艰难起步的中小企业成长，每一位创业成功者都是从困境中挣扎出来的。同时，我也深度参与了28家企业从0到1，再从1到10的全过程，包括如何找到细分赛道，如何避免与强大对手正面竞争的独特生存方式，以及如何一剑封喉地守住成果，成为细分赛道的第一品牌。

一将功成万骨枯！

我们见证了很多企业从0到1的成长历程，他们一路走来，始终不忘初心，并且对我们保持着一如既往的信任。但本书并不讲述这些大企业、大案例。他们现在动辄上亿元的广告投入、超强的资源获取能力，是中小企业难以企及的！

中小企业的发展确实充满挑战，但他们是中国穿越经济周期的中坚力量，是中国经济创新的主力军。帮助他们岂不更有意义？更具挑战性？更有成就感？

因此，我决定出手！

我放弃了多个千万元级的大型企业咨询项目，闭关修炼，将过去20年中帮助过的多家中小企业，如何通过低成本投入，在3年内成为细分行业第一品牌的实操经验进行提炼；同时，也汇集了服务28家中小企业如何巧妙运作，最终成为上市公司的运筹智慧。

企业有千万种，但成功总有相似之处。

我试图寻找一套低成本、高效率、能带来大结果的方法论。经过12个月的闭关探索、超过100个案例的复盘，无数次的推演，就在一个漆黑的夜晚，当我陷入深思，难以入眠，思考到极致时，我顿悟——大部分中小企业成功的法则和我20年来操盘的方法不都是一个"借"字吗？我欣喜若狂，立刻翻身到书房，将"借势碾压"的理论架构写出来。天一亮，我就赶到磨课工作室，召集了几位一起磨课的小伙伴，分享我顿悟到的方法论底层逻辑。

中小企业面临的最大挑战是"三无"：无资金、无资源、无团队。如果没有，怎么办？

没有就要借！天下的资源不为我所有，但为我所用！

本书的核心是，任何企业，无论大小，都要学会借势。借什么？借人、借钱、借资源，缺什么就借什么！

　　本书详细阐述了"借什么、怎么借、向谁借"的系统方法。没有高深莫测的理论，都是我自己亲自操盘并取得结果的实战落地方法。

　　我将这套方法总结为"借六势、强十倍、细分做第一"，现学现用，一看就懂，一学就会，一用就有效。这套方法论的目标是"一出场碾全场，细分做第一"。

　　我的创业经历和大家一样，无资源、无背景、无资金，我深刻理解中小企业在这个过程中的种种不易！我写本书的目的是希望能帮助处于困境中的中小企业，用最低的成本、最快的速度，取得最大的成果。请相信，我也是用这套方法成功创业，成为品牌"碾压式竞争"这条细分赛道的开创者和实践者的！

蒋桦伟

于2024年6月28日汕头闭关磨课工作室

目录

第五章　借图腾势　　117

开篇必读

碾压式竞争

好品牌是什么

"好品牌是什么？"这是我每次讲课都会提出的第一个问题。这个问题我反复问了20年，为什么要不断提出这个问题？因为我们99%的企业在创建品牌时就已经输在了起跑线上！

什么是好品牌呢？你的回答也许是，知名度高、销量大或者产品质量好。这些回答都对，但都不完全。我个人认为：

好品牌，一出场碾全场！

一出场就能震撼行业；一出场就能改变行业格局；一出场就能让对手瑟瑟发抖。一出场就能实现十倍的热卖；获得十倍的追捧！只有一出场碾全场，才是好品牌！

好品牌不是什么

一、好品牌不是砸广告

在今天这个媒体碎片化、去中心化的时代，信息差异已经不复存在，更重要的是消费者认知的觉醒，他们选择性地接受信息。这导致现在即使投入1000万元的广告费，也可能换不来100万元的销量。许多中小企业的老板一谈到品牌建设，就会摇头说："蒋老师，我们做不了品牌，砸不起广告！"他们认为做品牌就等于砸广告。难道他们没有听说过或见过身边做企业的朋友为了创品牌而砸广告，最后却破产倒闭吗？如今，许多企业最大的痛点是宁愿花费千万元去砸广告，却不愿意投入百万元进行策划！品牌不是靠砸广告砸出来的，而是需要精心谋划，以四两拨千斤的方式，用高维打低维的战术，借势造势，以低成本实现亿元级别甚至十亿元级别的业绩！

二、好品牌不是慢慢熬

好品牌从诞生之初就拥有强大的基因，一开始就处于十倍增长的新赛道上，自带强势能。任何一个成功的品牌都不是慢慢熬出来的。阿里巴巴从一开始就知道自己的发展方向；苹果从一开始就知道自己要完成一项伟大的事业；小米从一开始就知道自己要解决某个问题。好品牌从诞生之初就注定伟大！有人会问，蒋老师，品牌不是需要慢慢打造的吗？世界上许多知名品牌都有百年历史，经历了几代人的培育，难道不是这样吗？我非常坚定地认为：只有短期的收益，才能有长期的坚持；只有短期取得成果，才能有长期主义！这是非常现实的，如果短期不能爆红，又怎能长红？

三、好品牌不是注册商标

许多企业家朋友在谈到品牌时都会说："蒋老师，我有品牌的。"然后向我展示他们的商标注册证书。他们真的认为品牌就是注册商标吗？注册商标只是知识产权保护的一种形式，远非品牌的全部！品牌是文化价值、产品价值和情绪价值的综合体，这三者合一将释放出无法抗拒的品牌魅力。

好品牌为什么要一出场碾全场

一、竞争环境

这是一个极致竞争的时代。开战即决战，开局即终局。机会只有一次，没有人会给你第二次机会。在这个环境中，你要么碾压对手，要么被对手碾压，没有中间地带。整个竞争环境呈现出三种情况：

第一，竞争极致化；

第二，产品同质化严重；

第三，市场只给予一次机会。

二、消费者选择

这也是一个选择困难的时代。要么默默无闻，要么一鸣惊人。产品的内涵不重要，能否出圈才重要。一款产品的"保鲜期"仅有三个月，如果三个月内无法出圈，就意味着出局。

- 碾压就是抢关注！

产品一出场就必须吸引消费者十倍的关注，成为焦点、爆点、热点。否则，消费者就会忽略你。

- 碾压就是抢流量！

产品一出场就要自带话题、自带流量，成为流量的中心。

- 碾压就是抢首选！

产品一出场就要成为消费者的首选，让消费者重新选择，让消费者没有其他选择。只有这样，中小企业才有机会获得消费者的青睐。

三、坚定信心

这更是一个信心堪比黄金的时代。没有坍塌的商业，只有坍塌的信心。

一出场就爆红，团队就会有信心；这样才能够吸引智慧、吸引高手、吸引对手的人才。一出场就爆量，渠道就会有信心；这样才能够利用渠道、代理商，甚至对手的大商为你所用。一出场就起势，投资者就会有信心；这样才能够吸引大资金、大资源，让对手的资源为你所用。

一出场碾全场，好在哪

一、用100万元的成本干出1000万元的效果

用最低的成本、最小的市场单位，跑通赢利模型，拿到大结果，降低

投资成本。

二、用3年的时间干出30年的成果

市场窗口期稍纵即逝，利润红利见血封喉。跑通模型，就必须火力全开，以覆盖式摧毁旧势力，3年超越30年的积累。这样的案例在今天比比皆是，喜茶3年超过30年的凉茶市场，30分钟销售三吨半的产品，"双十一"超越120年历史的雀巢，花西子3年时间在彩妆领域超越100年历史的欧莱雅。

三、用1米的宽度干10000米的深度

在今天这样的竞争环境下，主赛道的豪强已建立，阶层已定位，中小企业毫无机会，只有聚焦细分新赛道、细分新市场、细分新品类，才有机会击穿新赛道，建立绝对的优势，真正做到一出场就碾全场！

不出场碾全场，结局会怎样

一、不碾压，就被对手死死压制

市场被强占，渠道被垄断，产品的能见度越来越小，销量越来越低，越来越边缘化，只能捡残羹剩饭，在夹缝中求生存。

二、不碾压，就永远活在对手的影子里

没有话语权，没有主动权，没有定价权，一切由老大说了算。处处被动，处处挨打。

三、不碾压，就出局

头部企业不断进行市场下沉、渠道下沉、价格下沉，市场集中度越来越高，没有品牌、没有市场、没有消费者，中小企业还有机会吗？还有未来吗？

四、最终结局就是"死"

不碾压、不破局、不出圈，结局就是死亡。如果有倒计时，快者1~2年，慢者3~5年。中小企业还有选择吗？没得选择：要么碾压对手，要么出局！

我在厦门大学讲课的时候，有位学员实在忍不住跳起来提问："蒋老师，我也想碾压对手，可实力不允许，臣妾做不到哇！"那碾压对手难不难？当然很难！难在哪里呢？

一出场碾全场，难在哪

一、难在"重新定义行业"

- 重新定义行业，引领行业发展。
- 在这个行业创新新赛道。
- 在这个行业重新定义行业标准。

为什么要重新定义行业？

- 只有重新定义行业，才能改变行业格局。
- 只有重新定义行业，才能成为新的王者。
- 只有重新定义行业，才能重新定义游戏规则。

案例：立白

洗衣粉行业的巨头通常是世界500强企业，
如宝洁、联合利华等旗下品牌，这些品牌大多
围绕去污标准展开激烈的竞争，争斗得你死我
活。然而，在中国，有一个本土品牌闯入市场，重新定义了"什么是好洗衣粉"——"不伤手的才是好洗衣粉"。这个品牌一出场就碾压竞争对

手，一出场就震惊了整个行业，短短几年内就成为洗衣粉行业的前三名。这个品牌就是立白。

案例：TATA木门

实木门是一个非常传统的行业，几乎所有品牌都在强调材质、结实度和耐用性。然而，后起之秀TATA木门重新定义了行业标准，提出"静音效果好的"才是好木门。TATA木门一出场就改变了行业格局，迅速成为消费者追捧的品牌。

"重新定义行业"面临两大挑战：

第一大挑战是改变自己，才能改变行业。

这表示需要重新定义自己。要彻底改变，就要和过去的优势、资源以及用户告别，这确实太难了。

第二大挑战是行业规则通常由强者制定。

凭什么让你来制定行业规则？你有什么资格？你定的标准谁会认可？行业规则都是由强者制定的，例如，好手机的标准不是由苹果制定的吗？好燕窝的标准不是由燕之屋、小仙炖制定的吗？打破行业老大制定的规则，难度极大。

二、难在十倍碾压

- 赛道大十倍。
- 地位高十倍。
- 品牌强十倍。
- 产品好十倍。
- 形象美十倍。
- 销量多十倍。

只有形成十倍的势能，才能一出场碾全场！

不逼疯自己，就无法成功！为什么呢？因为这是一个极端的时代。在极致竞争的时代，不是只要好一点点，不是好一倍、两倍、三倍，而是必须好十倍，才能真正重创对手，打到对手无还手之力。大家能否做到？

☆ 案例：奔驰借势迈巴赫绝地翻盘，碾压对手

在汽车行业，德国有三个品牌非常强大，人们通常称它们为ABB——A代表奥迪，B代表宝马，另一个B代表奔驰。在全球范围内，奔驰品牌的知名度位居世界第一，然而在中国，奥迪的销量才是第一，年销量达到50万辆；宝马位居第二，年销量为25万辆，而奔驰的销量最低，仅有15万辆。这让奔驰感到非常痛苦——明明品牌在全球的知名度比宝马、奥迪高出半个档次，但销量是最低的。新任奔驰CEO决定改变这种局面，重新制定碾压对手的超级策略。

世界三大超豪华汽车品牌——劳斯莱斯、宾利、迈巴赫，都是千万元级别的品牌。经过奔驰的不断努力，最终使迈巴赫破产。阿里巴巴创始人马云，虽然外表不怎么英俊，但他的座驾就是售价1200万元的迈巴赫62S。奔驰新任CEO决定重新启用迈巴赫品牌，推出了"千万级品牌、百万级价格的奔驰S级迈巴赫系列"，一上市就引发了消费者的抢购热潮，甚至有人愿意加价20万元购买，仍然一车难求。这使得同级别的宝马7系、奥迪A8受到重创，不得不降价求生存，然而即使价格降至六七十万元，销量依然很低。

为什么奔驰·迈巴赫能够碾压对手呢？原因有四个：

第一，品牌价值高十倍。一个千万级别的品牌，却以百万级别的价格出售。

第二，舒适体验强十倍。配备航空头等舱级别的后排座椅和脚托，靠背可以调节至43.5度，提供极致的人体舒适感体验。

第三，豪华体验强十倍。全车采用真皮包裹，触感宛如女人的肌肤，柏林之声音响系统配备31个喇叭，确保每个角度都能被天籁之音所包围。

第四，社交属性强十倍。我有几位学生，知道我喜欢车，打电话给我说："蒋老师，我买了一辆迈巴赫。"我说，真厉害！结果过去一看，哦，这不是奔驰吗？他却说："所有买奔驰·迈巴赫的人，没有人认为买的是奔驰，都认为买的是迈巴赫。"

大家可能会说，蒋老师，你讲的都是世界顶级品牌、高价值产品，他们确实能做到，而我们做的很多都是大众产品，很难做到十倍碾压！我们再通过一个案例来看看别人是如何做到的。这是一个非常传统、普通的产品——开关。

一个开关产品如何实现十倍碾压？

案例：曼科如何借势一出场就引爆销量

经过市场调研，我们发现开关产品同质化非常严重，无论是产品本身、外观设计、销售渠道还是推广方式，几乎都如出一辙。要想在这种环境下碾压对手，似乎根本不可能。因此，我们决定重新定义行业规则，不将产品直接卖给装修业主，而是卖给电工师傅和整装公司，他们的需求量同样非常庞大。

电工师傅和整装公司最关注的是什么？答案是安装速度！时间就是金钱，效率就是利润！

于是，我们重新定义了开关，开发出了一个全新的概念——"速装开关"。这个产品一出场就碾压了对手，一出场就被电工师傅追捧，一出场就引爆了销量。这个品牌就是"曼科"。

为什么"曼科速装开关"能有如此大的杀伤力？

第一，速装开关的安装速度是传统产品的十倍。

第二，速装开关的耐用性长达20年。

第三，速装开关的交付周期也是传统产品的十倍。

我在课堂上多次讲解这个案例，学员们听后都很兴奋，但几乎所有人都觉得心有余而力不足，认为自己做不到。为什么做不到呢？

为什么做不到"一出场碾全场"

大多数发展起来的中小企业是否具有以下共同特点？

第一，都是白手起家。没有背景、缺乏资源，依靠敢于拼搏和抓住机会逐渐成长，资金是一点一点积累起来的，资金实力相对较弱。

第二，资源相对匮乏。大部分企业在发展壮大后才开始逐步积累资源，而这些资源往往是通过付出利益才获得的，关系并不稳固。

第三，大多数企业的团队实力较弱。由于大多数企业都是从小规模、打游击战的方式起家的，团队的人数和专业程度都相对较弱，在市场上很难占据主导地位，往往只能在特定的区域市场内经营，难以真正做强做大。

中小企业基本上都是弱势群体。

99%的中小企业天生就处于弱势！

在极致竞争的时代，对于大多数中小企业来说，面临的是一场不公平的竞争：敌强我弱。对手都是行业的第一品牌、头部企业；他们掌握着行业最优质的资源；他们的资金雄厚；他们是行业游戏规则的制定者。而中小企业呢？是行业的跟随者；起步晚，发展慢；在竞争中处于弱势地位。

什么是弱势

一、行业排名10名以外的品牌

- 没有话语权，行业规则都是由领先者决定的。
- 没有影响力，行业和对手都可能忽视你，你的存在感很弱。
- 没有知名度，是否被视为品牌，往往由代理商来决定。

二、占有率低的品牌

- 行业头部品牌的市场占有率很高，可以达到40%，而你的市场占有率低，甚至不到1%，你就是边缘化的品牌。
- 边缘化意味着处境危险，新入局的挑战者如果无法战胜行业老大，就会选择攻击你，你很容易被取代。
- 行业的竞争往往是行业前两名之间的竞争，第三名可能就会消失。

例如，华为与苹果的竞争导致三星的市场份额减少；王老吉与加多宝的竞争使得和其正消失；奔驰与宝马的竞争让奥迪受到很大影响，在这样的竞争中，你往往成为牺牲品，很容易被挤出市场。

三、销量低的品牌

- 行业头部品牌的销量达到百亿元级别，而你的销量只有几亿元，与竞争对手的差距是几十倍甚至上百倍。
- 销量小意味着企业规模和体量不够大，生产和采购成本高，产品价值缺乏优势。
- 销量小还意味着利润低，别人的广告投入可能就相当于你的营业额，利润低就赚不到大钱，每天都过得很辛苦。

为什么会这样？因为竞争的终局已经到来！

过去十年，中国市场竞争的格局呈现金字塔模型，80%的中小企业位于金字塔的底部，被称为底部品牌；10%的企业位于金字塔的腰部，被称为腰部品牌；仅有10%的企业站在金字塔的顶端，被称为头部品牌。但如今，市场格局发生了巨大变化——头部品牌不断壮大，少数头部品牌几乎占据了80%的市场份额，在竞争中占据绝对优势，而腰部品牌面临巨大压力，上下夹击，市场不断萎缩。底部的中小企业由于头部品牌的不断下沉，市场被大面积淘汰，每年有多达100万家的中小企业注销。底部品牌连生存的机会都没有，更别提赚点小钱了。头部品牌只会越来越强大，成为绝对的强势品牌，而底部品牌只会越来越弱小，最终只能退出市场！

一将功成万骨枯！

处于弱势地位的中小企业，如果不改变，将越来越难，直到被市场淘汰，消亡！他们的退出，市场不会有任何变化，仿佛他们从未存在过！

我并非危言耸听，以下这些行业的情况相信你我都深有体会。

- 电器行业：曾经在顺德一个城市，就有超过1000家家电企业，经过市场的大浪淘沙，如今只剩下美的一家独大。
- 日化行业：曾经仅在广东省，就有100多家知名的洗发水品牌，大品牌吞噬小品牌，现在存活的品牌不到10个。
- 啤酒行业：曾经每个城市都有一个以城市命名的啤酒品牌，经过大洗牌之后，市场基本被三大啤酒巨头垄断。
- 小卖店行业：曾经大街小巷都有一家小卖店，现在已被美宜佳、7-11、全家等连锁品牌所取代。

你的行业同样会被洗牌，只是时间问题！

中小企业该如何摆脱弱势地位

中小企业应该如何做才能摆脱这种被碾压的弱势地位？

弱势必须借势，只有借势才能化弱为强，强势才能实现碾压！

我把这套方法论总结为四个字：借势碾压。

借势是最高的商业智慧。借势的成本最低，速度最快，效果最好；借势是以小博大、化弱为强、转变战局的唯一出路！中小企业都必须学会借势！

思路决定出路，换脑才能改变命运。

为什么你们做不到

因为你们不敢借、不会借、不善借！你们必须转变，要从经营型企业家转变为借势型企业家！唯有如此，你们才能以小博大，化弱为强，借势借力，迅速做大！

怎么借？向谁借？借什么？

碾压式竞争系统

我将20年的借势碾压方法论称为碾压式竞争系统，总结为11个字：**借六势、强十倍、细分做第一！**

一、借六势

- 借赛道势，创新十倍赛道。
- 借地位势，挖掘十倍差距。
- 借认知势，生发十倍决策。
- 借产品势，放大十倍情绪。
- 借图腾势，赢得十倍崇拜。
- 借营销势，引爆十倍销量。

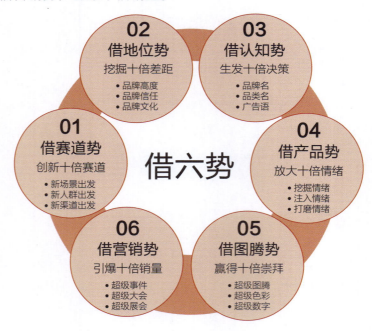

二、强十倍

- 赛道大十倍。
- 地位高十倍。

- 品牌强十倍。
- 产品好十倍。
- 形象美十倍。
- 销量多十倍。

三、细分做第一

- 细分行业，不死磕硬刚，细分行业做第一。
- 细分市场，远离主战场，细分市场做第一。
- 细分品类，放弃大品类，细分品类做第一。

强 十 倍	细 分 做 第 一
赛道大十倍，地位高十倍 品牌强十倍，产品好十倍 形象美十倍，销量多十倍	细分行业，不死磕硬刚，细分行业做第一 细分市场，远离主战场，细分市场做第一 细分品类，放弃大品类，细分品类做第一

案例拆解：传统男装莱克斯顿如何借势成为快时尚男装第一品牌

【品牌背景】

- 起步于中国服装行业的红利期，只买贵的，不买对的。
- 得益于前瞻性眼光，在行业发展最好的时候，提前布局转型，从批发转型做零售品牌。
- 成功于聚集终端，扎扎实实做终端门店，塑造品牌价值，服务好用户，不做任何与本业无关的投资，创始人将1/3的时间都花在门店，都在第一线。
- 受困于消费趋势的转变。2015年，中国男装的分水岭，全行业停止高速增长，出现断崖式下滑，广东品牌、福建男装、江浙男装全线崩盘，外贸无订单，内销严重下滑，所有品牌束手无策。李宁关闭超过1000家门店，七匹狼关闭门店超过500家，福建诺奇刚在香港上市就宣布破产并跑路……

在行业整体崩盘之下，没有幸存者。

【经营环境】

莱克斯顿的先天弱势：

- 品牌弱势：行业排名10名以外。
- 市场弱势：市场占有率低，不足1%。
- 营销弱势：亿元级别企业，销量少，利润低，竞争力弱。

而莱克斯顿面临的对手则是国际品牌、国内头部品牌，它们拥有绝对强势的地位。

- 品牌强势：位居行业前10名。
- 市场强势：拥有1000家以上门店，市场占有率在10%~20%之间。
- 营销强势：百亿元级别企业，销量大，利润高，竞争力强。

【生存环境】

- 上顶国际大品牌：品牌大，实力强，价格高昂，店面宽敞，位列世界500强。
- 下压国内男装品牌：知名度高，门店数量众多，营销能力强，拥有上市公司背景。
- 同时，还存在批发品牌如老人头、啄木鸟、帆船、鳄鱼等，以低价抢占市场。

莱克斯顿只能在夹缝中求生存。

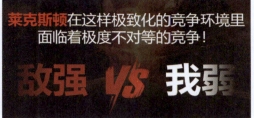

【尝试突破】

- 提升品牌影响力：投入重金聘请明星赵又廷进行品牌推广。
- 升级终端门店：推出第五代铂金门店。
- 提高款式竞争力：投入重金聘请中国男装首席设计师。

即便如此，品牌仍然被对手碾压。弱势品牌没有话语权、定价权，更没有翻身的机会。这时，我们介入了。我们给企业的建议是：借势碾压，化弱为强。

就这样，莱克斯顿正式吹响了"借势碾压"的号角！

一、借赛道势

为什么中国男装行业会整体崩盘？

逆势

我们用逆势思维，将10年前的思维应用到当前市场，发现了中国男装行业的三大弊端：

第一，十倍的加价率，100元的成本却卖出1000元的价格。

第二，千军万马过独木桥，99%的男装品牌聚焦做"高端"。

第三，运营成本居高不下，动辄需要几千万元的广告大投入。

这些弊端必然导致整个行业失去优势，最终崩溃。

寻势

那么，中国男装的消费趋势会是什么？

趋势一 时尚潮牌	趋势二 个性定制	趋势三 快时尚

趋势一：时尚潮牌

- 全球服装市场展现出巨大的潮牌风潮，许多小品牌因此崛起。

- "90后"到"00后"，即Z世代成为服装消费的主流群体。

- 全球十大男装品牌中，有8家推出了潮牌系列。

趋势二：个性定制

- 在欧美国家，成衣市场萎缩，而个性化定制的市场增长高达25%~30%。

- 设计师品牌的增长速度超过200%。

- 中国本土品牌中也出现了以定制为核心业务的品牌，如红领、衣邦人等。

趋势三：快时尚

- 国际快时尚品牌进入中国市场，增长率达到100%。

- 国内快时尚品牌也纷纷起步，发展速度迅猛，出现了UR、海澜之家等巨头。

- 平价市场不断细分，专注于内衣的优衣库，专注于鞋品的热风等也在不断扩张。

定势

定战略，就是选赛道。

传统商务男装：老赛道

- 赛道萎缩，商场倒闭。

- 人流锐减，获客成本更高。

- 大牌林立，毫无机会。

时尚男装：快时尚新赛道

- 购物中心、商业综合体MALL。

- 衣食住行，玩乐一体，流量中心。

- 时尚新品牌、新阵地。

成势

莱克斯顿正式进入快时尚赛道，但同时也面临着一群强势的竞争对手。

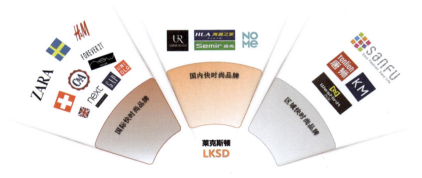

如何找到品牌的新赛道呢？回归用户，创造极致质价比——高品质，平民价，任何年龄的男士都能在莱克斯顿找到适合任何场景的服饰；跨越年龄，跨越风格，跨越场景，快时尚赛道再细分。

- 避开一、二线城市的激烈竞争。

- 深耕三、四线城市。

- 三、四线城市市场有多大？中国有333个地级市和2843个县级市。

- 三、四线城市服装品牌集中度仅为5%。

专注三、四线城市		
地级市	县级市	品牌集中度
333↑	2843↑	5%

资料来源：《中华人民共和国行政区划统计表》（截至2022年12月31日）。

借赛道势 · 创新三、四线城市新赛道
中国新城市快时尚第一品牌

一、二线城市		三、四线城市	
100个品牌	VS	10个品牌	→ 品牌少10倍
100个选择机会		3~5个选择机会	→ 竞争小10倍
2~3家		20~30家	→ 门店多10倍
150万~200万元		1000万~2000万元	→ 销量高10倍

我们将快速崛起的三、四线城市称为中国新城市。借赛道势，莱克斯顿进入创新三、四线城市新赛道：**中国新城市快时尚第一品牌·国际时尚亲民价格。**

如何击穿这条赛道，成为新赛道中的王者？

二、借地位势

（一）中国男装行业的三大问题

- 款式老旧：十年不变的老男装。
- 价格死贵：100元成本卖到1000元。
- 暴利经营：不断提价，死守利润。

（二）重新定义行业价值

莱克斯顿必须重新定义中国男装，终结暴利时代。

（三）中国男装行业的发展瓶颈

为什么中国男装价格死贵？因为中国服装行业顶着三座大山。

- 库存巨大：中国男装行业库存普遍高达35%~40%。
- 门店成本高昂：终端运营成本占比高达30%。
- 销量低迷：99%的服装店月销售额低于10万元。

这三座大山使得整个行业陷入了一个恶性循环。

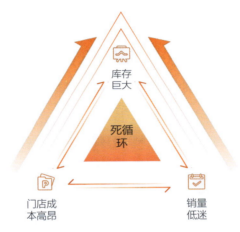

（四）破除三座大山：重构产业模式

- 零库存：从源头上解决库存问题。
- 低成本：采用轻资产运营模式。
- 爆销量：单店销量增加3~5倍，实现全赢模式。

怎么破除这三座大山？我们研究发现，产生库存的本质是在研发环节，而不是在销售环节。于是我们整合中国最优质的供应链，与厂商共同研发产品，打造市场真正畅销的产品，从而最大限度减少库存产生。

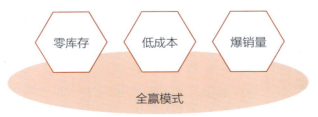

（五）重新定义产业模式

莱克斯顿重新定义中国男装产业大平台，实现"生产商赢利+消费者赢利+加盟商赢利"的全赢模式：

- 订单更多：增加订单数量。
- 售价更低：降低产品售价。
- 销量更大：大幅提升销量。

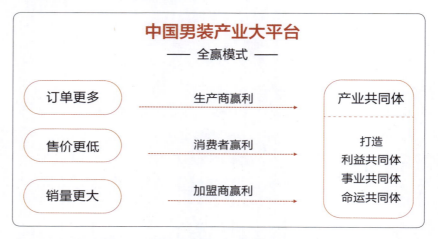

莱克斯顿重新定义中国男装产业共同体，帮助100家工厂重新复工，帮助1000家门店重新赢利，帮助10000位服装人重新就业，打造利益共同体、事业共同体、命运共同体。

（六）建立品牌地位

重建莱克斯顿品牌地位：

- 一个引领行业健康发展的企业。
- 一个改变产业供应商命运的平台。
- 一个备受用户追捧的中国品牌。

一个**引领**行业健康发展的企业
一个**改变**产业供应商命运的平台
一个**备受用户追捧**的中国品牌

世界看我
莱克斯顿
LAXDN

三、借认知势

（一）借品牌势

品牌实施降维打击，从高端商务男装品牌转变为：**时尚平价品牌**。

15 年
法国莱克斯顿

高端商务男装品牌
5G品牌：档次高、形象高、品质高、价格高、渠道高

降维打击
↓

时尚平价品牌
国际时尚　亲民价格

（二）借品类势

借助中国快时尚品类巨头海澜之家的势头；与海澜之家为邻，有海澜之家的地方就有莱克斯顿；不买海澜之家就买莱克斯顿。

四、借产品势

我们挖掘了男士购买服饰的最大痛点：搭配。

借大痛点，放大十倍产品价值。

（一）十倍产品体验

莱克斯顿重新定义了着装方式：3套9配。

场景一：商务场景。

场景二：休闲场景。

场景三：运动场景。

（二）十倍产品功能

莱克斯顿的十倍产品功能体现在全品类和一站式服务上。无论是任何年龄，还是任何场景，消费者都能在莱克斯顿找到他们喜爱的着装。

全品类 一站式

一站式
洞察现代男性消费行为特质——忠心于一站式的购买模式。速购模式力求降低购买成本、时间成本，扩大对男性消费者的吸引力。

全品类
以不同男性的生活形态为品牌营销理念，从服饰到配饰，从潮流、商务到正装，涵盖男装全品类，总能挑选到适合的衣物。

更新快
采取7周更新款模式，让顾客每次到店消费，都能打开"新世界大门"，每次都有新鲜感。

0压力
坚持高质平价，把全球时尚元素以高品质整合到店，并以最合理的价格呈现，消费者无任何价格压力或品质顾虑。

速成交
以搭配为核心的服饰文化，产品百款干搭，终端销售以成套输出，提高连单率，精准的导购模式降低成交时间，实现快速成交。

（三）十倍价值

十倍产品价值：每一款产品都与世界同步。

• 千元级别的品质，百元级别的价格。

• 消费者无须过多思考，喜欢就可以直接购买。

五、借图腾势

图腾视觉升级——追求简洁化、扁平化，借助未来趋势！

莱克斯顿现在使用的标志

　　从高端商务男装到时尚平价男装，莱克斯顿最终要将所有的势能集中在营销上。

六、借营销势

（一）借大事件：莱克斯顿新店开业必排队

（二）借大会：中国男装产业平台大会

中国男装
产业联盟大会

LAXDN

（三）借名人：全球盛和塾大会分享——莱克哲学

【案例总结】

在三年的项目合作过程中，莱克斯顿发生了翻天覆地的变化。

思维的改变：

企业发展一直较为顺利，但当面临全新挑战时，习惯性地用原有的行业经验和思维模式试图破局，尝试请明星代言、投放广告、重新装修店面、让产品设计更时尚……但这些都没有真正改变局面。企业意识到自己受困于旧的思维模式，无法改变现状。唯有打破旧思维，才能打破现状。最终，品牌通过借脑、借思维成功破局。

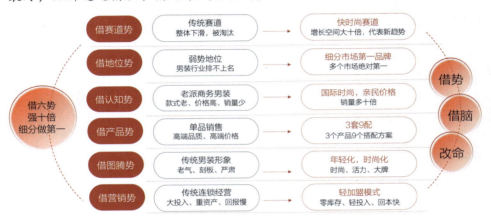

认知的改变：

企业原来的认知——都喜欢将品牌塑造成一个洋品牌。企业意识到市场必须回归本质：回归到为消费者创造价值和产品本身的价值，而不是品牌虚高的附加值。由于莱克斯顿是行业中较早选择回归本质的企业之一，因此也获得了行业的红利，实现了快速增长和品牌在全国的布局。

格局的改变：

作为经营者，只关心企业是否盈利；当意识到仅做好自己还不够，必须与全行业、全生态深度合作时，企业才能改变被动局面。因为处在同一个产业链中，任何一个环节的劣势都可能导致在终端失去竞争力。于是，企业从利他的角度出发，利于工厂、消费者、合作伙伴，最终打通了全产业链，与各个合作伙伴一起实现了商业共赢。

地位的改变：

以财富多少作为身份地位衡量标准的经营者，不可避免地会陷入同行间的竞争。当企业的思维发生本质的改变时，眼界更宽广，格局更大。企业获得了行业一致的认可和追捧，成为最受尊重和敬仰的企业。

结果的改变：

从连续三年陷入困境，甚至亏损的状态，通过借助外力，继而生发自己的商业智慧，更洞察了行业的现状和困境，企业最终成功破局。企业实现了每年300%的营业额增长，业绩突飞猛进。

企业间的竞争，归根结底是势能的竞争！得势者：即便是中小企业，也能成为细分市场的领袖品牌！失势者：即便是大企业也可能崩盘出局！

我们公司的使命就是帮助更多弱势中小企业化弱为强，借势碾压。这20年来，我们也用这套方法论帮助了许多同样陷入经营困境的中小企业。

一位专注于滋补燕窝领域的年轻女性创业者，借助这套系统，成功从传统燕窝转型，进入杯装燕窝新赛道，在天猫平台上每年售出1亿杯。这个品牌就是泡小燕。

一家原本从事传统OEM加工的企业，在转型为开关企业后，借助这套系统，重新构建了"速装开关"的新模式，成为该细分市场的领导品牌。这家企业就是曼科。

一位在菜市场经营熟食档口的年轻男子，借助这套系统，重新进入零食新零售赛道，将地方特色食品推向全国市场，一只鸡翅一年售出数十亿元。这个品牌就是无穷。

一个受困于消费趋势转变的男装品牌，借助这套系统，重构商业模式，创新性地进入三、四线城市的新赛道，重构产业链，一度出现开业就排队的现象，销量增长了300%。这个品牌就是莱克斯顿。

一家陷入发展瓶颈的幼教配套家具实体企业，借助这套系统，重构商业模式，进入"整园空间输出"的新模式，从销售单品转变为销售空间，产业规模实现了十倍增长，从数亿元增至数十亿元。这个品牌就是海基伦。

一个美容专业线的护肤品牌，借助这套系统，走出经营困境，重新起盘，重新定义专业线，实现逆势翻盘，集团零售额超过数十亿元。这个品牌就是慧立康。

一对来自西北、在广州美博城经营甲片外贸批发的夫妇，借助这套系统，走出内卷，扭亏为盈，重塑品牌形象，成为亚马逊甲片类目的第一品牌。这个品牌就是Gelike EC。

我们之所以被称为"国牌智造"，是因为我们怀揣一个梦想：我们希望中国品牌能够走向世界，让全球听到中国品牌的声音。

我认为每位中国企业家都拥有两条命：生命和使命。

你们的使命是为那些愿意相信你们，跟随你们5年、10年甚至20年的员工创造价值，让他们有房可住，有车可开，孩子能在良好的教育环境中成长，老人有所依靠！同时为社会创造价值，疯狂地为消费者创造价值，让品牌拥有行销全球的底气。而我，愿意陪伴你们3年、5年、10年。在这10年的时间里，我们要用毕生的心血陪伴更多的中小企业，医为中小企业才是社会的中坚力量，拥有最大的能量。

下面，我们正式进入碾压式竞争系统的第一章——借赛道势。我将带领大家一起去寻找十倍增速的新赛道，实现赛道上的碾压！

第一章

借赛道势

创新十倍赛道

什么是战略

战略，是企业在重要的发展阶段寻找出路、决定生死的关键。因此，我认为战略可以用八个字来概括：

关键时刻，生死抉择！

当前的中国，**99%**的中小企业几乎都是从零开始的。这些企业缺乏资源、没有背景、实力有限，绝大部分是依靠自己的努力慢慢积累，这个过程非常缓慢且充满挑战。许多企业主本身非常努力，不敢有丝毫松懈，但企业的发展始终不温不火，未能取得预期的成果，在市场竞争中处于不利地位。从根本上讲，这是因为企业的战略出现了问题。

商战就像丛林法则，是企业之间你死我活的斗争。战略决定了谁能最终存活下来，谁能走得更远，谁能做得更大，这是一次关键性的抉择。因此，我认为企业制定战略，实际上就是在选择合适的赛道。这意味着企业必须放弃那些规模萎缩、没有增长、无法继续进行、无法完成的老赛道，重新借势，选择一条具有大规模、大增长、大趋势的新赛道。

借赛道势是什么

借十倍势能新赛道。

这条新赛道，必须是一条成长型的新赛道，必须具备十倍势能。诸位也许会觉得"十倍势能"很玄乎，其实，一点都不玄乎，"借助十倍势能"就是：

- 借新赛道的十倍商机。
- 借新赛道的十倍趋势。

- 借新赛道的十倍增长。

清晰地厘清了我们的新赛道是什么之后，还需要进一步界定新赛道不是什么。

借赛道势不是什么

在过往的经验中，常有一些企业主主动"借赛道势"，但由于思维尚未彻底打开，很容易陷入一个误区：以为进入新赛道就是把自己过去做的事情重新拿出来再做一遍；或者在老赛道上进行一些微小的创新；更有甚者，看到同行怎么做，就盲目跟风……所有这些做法，让不少企业栽了跟头。企业不仅没有实现增长，反而浪费了更多的人力、资金、时间等资源，进而错失了改变命运的机会，简直是从一个坑跳入了另一个坑。因此，在进入新赛道之前，我们必须保持清醒，避免陷入赛道的误区。"借赛道势"实际上：

- 不是换打法。
- 不是微创新。
- 不是跟着做。

当我们完全理解了"借赛道势"的概念，并界定了其边界，知道了应该做什么和不应该做什么之后，有人会问："真的有必要这么做吗？这多费劲啊，新赛道就一定比老赛道好吗？"确实，进入一条新赛道意味着你必须离开自己原来的舒适区，你心里可能会犯嘀咕，怀疑这是否真的靠谱。为什么一定要借助新赛道呢？这是必须的吗？

企业为什么要借势新赛道

当很多中小企业发展到一定规模和体量，有了一定积累后，难免会觉得"我日子过得还可以，没有必要非要从头来过"。再说，进入新赛道意味着冒险，拿着以前打下来的江山去和未知的赛道做一次博弈，前途是不确定的。其实我也完全能理解企业家的这种心理，毕竟做出改变总是需要断臂求生的魄力和勇气。而我们之所以决定借势新赛道，是在彻底研究、对比了老赛道之后，非常清楚地看到老赛道存在以下三个基本无法突破的问题：

第一，老赛道上中小企业很弱势。

第二，老赛道上没有优势。

第三，老赛道上没有机会。

既然如此，借势新赛道，就是我们势在必行的一件事。势在必行，但不意味着我们要横冲直撞，而是要对新赛道的优势了如指掌。那么，诸位，新赛道的优势在哪里呢？

借赛道势好在哪

借势新赛道，一定有三个老赛道绝对无法匹敌的优势：

第一，避开正面竞争，不与对手硬刚死磕。

第二，获得在细分赛道成为领先者的机会。

第三，打破行业格局，重新定义行业标准。

看到借赛道势的好处，你也许会迫切地问："蒋老师，借赛道势这么好，那难不难？难在哪里？我的企业能做到吗？"借赛道势当然不容易，那么，借赛道势的难点在哪里呢？

借赛道势难不难，难在哪

一、这个赛道是绝对的新赛道！

- 是对手未曾发现，或者对手未发力的。

- 是大企业不想干，小企业又干不了的。
- 即使是老赛道，也必须发现新机会。

在这个新赛道上，每个人必须直面的挑战是：**你的决心和坚持！**

很多时候，放弃成熟的老市场，团队不理解，股东不理解，经销商不理解，甚至家人也不理解；你会很孤单，身边没有支持者，更没有人看得到，只有你自己一腔孤勇地前行。

案例：莱克斯顿

大家还记得开篇时我们分享的案例莱克斯顿吗？当品牌决定转型调价，我把调价策略讲给大家听时，莱克斯顿企业内部所有人都反对。首先跳出来的是设计师。做一个男装品牌，把价格调到只有原来的三分之一，设计师根本不接受！紧接着是采购部，他们认为根本不可能，在保持原来的高品质的前提下，只有原来三分之一的采购价，简直是异想天开！最后连管财务的老板娘——温太也反对，她认为价格只能上不能下。的确，价格一旦调下来，就意味着再也上不去了！最后，温总思考了7天7夜，半夜打电话给我，跟我说："蒋老师，你是对的！我坚决支持！"在温总的支持下，我们的核心战略才得以推进并实施，最终取得了成果。

二、这个赛道必须具有绝对的势能

- 新赛道绝对有大增长。
- 新赛道绝对有大规模。
- 新赛道代表绝对的新趋势。
- 企业在新赛道上有绝对优势。

与此同时，我们也必然要面对一个更艰难的挑战：**你要守得住成果，应对得了竞争！** 新赛道一旦做起来了，做大了，跟进者会蜂拥而至，老对手也会开发新产品来抢夺市场份额……就如同多年前我们的一个老客户——无穷。

案例：无穷

当无穷成功推出盐焗鸡翅后，市场上立刻涌现出大量的抄袭和模仿，特别可笑的是，有人注册了一个商标叫"无尽"，竞争者竟然可以做到这种程度！如果你是无穷的老板，你会怎么办？是跟他们打价格战，试图干掉模仿者吗？无穷并没有选择这样做，那么无穷是如何做的呢？

无穷不断精益求精，把产品做到极致。他们采取了两个非常重要的措施：

第一，请来了顶级的台湾调味师，将香味做到深入骨髓，连骨头都是香的，这是市场上唯一能做到的工艺。消费者只要一品尝，就能辨别出是否为正宗的盐焗鸡翅。他们的广告语"爱你，连骨头都不放过"使用了长达十年的时间。

第二，将熟食转变为休闲食品，从而扩大了整体的市场赛道份额。具体做法是：无穷1.0版本的产品是整个鸡翅，主打充饥填饱肚子的功能。2.0版本的产品将鸡翅切成了六小块，每一块都独立包装，既干净又卫生，不会弄脏手，主打随时随地想吃就吃的零食消费者，深受消费者欢迎。他们从规模400亿元的老赛道，成功转型到规模8000亿元的新赛道，将竞争对手远远甩在了后面。无穷实现了年销售额达到数十亿元，而对手几乎没有一个年销售额超过1亿元的。

我们看到，尽管困难重重，但仍有像莱克斯顿、无穷这样的企业突破万难，最终在新赛道上获得了超过十倍的新势能，也获得了行业的绝对话语权。尽管在新赛道上取得成功的案例不少，但一些谨慎的朋友可能还是会问："如果不借助新赛道的势能，又会如何呢？难道就没有生存之路了吗？"没错，你们说对了。企业在面对极端的内卷化，陷入发展困境时，如果不借助新赛道的势能，其后果可能是你无法承受的。

不借新赛道的结果是什么

我身边那些成功进入新赛道并取得成果的老朋友，别看他们现在看起来云淡风轻！你根本无法想象，如果当初他们继续在老赛道上坚持，最终的后果会怎样。很明显，他们会失去让企业重生的机会，最终也将走向以下三种结局之一：

第一，被市场淘汰，没有生存空间；

第二，缺乏竞争力，必然出局；

第三，勉强维持，没有出路。

我想这三种结局都不是企业老板想要看到的。现实就是这么残酷，只有改变才能带来新生，只有借助新赛道的势能，才能真正让企业在困境中逆袭，真正做到势能增强十倍，在细分行业中获得属于自己的领先地位。

可悲可叹的是，我们大部分中小企业在面临极端竞争、极度内卷的困境时，完全束手无策，不知道如何打破僵局，不知道如何扭转乾坤。

中小企业陷入内卷，如何破局

一、现状：中小企业陷入发展困境会怎么做

竞争的极致化和恶性内卷是各行各业普遍存在的问题，这导致许多中小企业陷入发展困境，停滞不前。而头部企业由于实力雄厚，拥有多年的积累和沉淀，自然拥有更多的应对策略。相比之下，大部分中小企业一旦陷入困境，就很难找到出路。

当然，这些中小企业也会选择反思，试图寻找出路，但他们的应对方法往往很有局限性。99%的中小企业可能会尝试：

妄想开发超级新产品，在老赛道上干掉对手。

但当方向错误时，结果自然是徒劳无功的。

案例：慧立康

以下面这个品牌为例：一家专业护肤企业，在美容院市场取得初步成功后，想要进一步发展，抢占更大的市场份额，于是一口气推出了七个品牌，美其名曰"七星伴月"。这些品牌使用了同样的配方，在同一条赛道上竞争，面向同样的消费者群体，通过同样的代理商销售。你可以想象一下结果会如何？当然是自相残杀，每个品牌都难以做好，难以做大。原因如下：

第一，老赛道上的对手很强势，地位不容易被撼动。

第二，在同一条赛道上，每个品牌都需要生存，因此很容易出现自相残杀的情况。

那么问题就来了，当企业陷入发展困境，被强势对手碾压，处于被群狼围困的被动局面时，正确的做法应该是什么呢？

二、突破：中小企业如何破局

不是开发产品干掉对手，而是借力新赛道实现大增长。

针对刚才的案例，我们重新构建了赛道策略：仍然是7个品牌，但这次我们借力新赛道，让7个品牌分别进入7个不同的新赛道。根据不同赛道的需求，我们重新定义了产品的核心价值。在每个新赛道上，各个品牌都实现了突破，成为各自细分赛道的顶级品牌，集团的业绩也因此实现了数倍的增长！

为什么会取得这样的成效呢？主要因为他们做到了以下两点：

第一，避开老赛道，构建新势能，获得新机会；

第二，在新赛道上实现突破，重新定义行业格局。

"借赛道势"是国牌智造碾压式竞争系统中的首个篇章，它不只是一种简单的做法。在我们20年的经验中，运用得最成熟、最经得起市场考验的方案主要有四大方向性解决策略。

借赛道势方法论

借势新赛道的四大方向包括：

借新场景、借新人群、借新渠道、借新模式。

下面我们将通过四个案例，分别针对这四个方向逐一进行分析。

借赛道势案例1：S&W 如何从常规运动服赛道成功借势进入塑形运动衣赛道

（一）分析老赛道

01. 老赛道场景的主要消费主体

➤ 常规运动服饰；日常运动装
➤ 属于大运动品类
➤ 人群两极分化：
一是只认品牌的群体
二是只看价格的群体

02. 老赛道场景的规模

➤ 赛道体量：约60亿美元
➤ 复合增长率：10%
➤ 赛道趋势：乃有一定持续增长的空间
➤ 赛道竞争格局：趋于稳定、趋向饱和

04. 经营环境

➤ 渠道单一，以电商为主
➤ 外销3年，亏损已超1000万元
➤ 以OEM为主，品牌认知度弱
➤ 无发展空间，毫无机会

03. 竞争形态

➤ 大运动头部品牌之间的竞争非常激烈
ü 国际：耐克是主要的竞争者
ü 国内：安踏、李宁、阿迪达斯是主要的竞争者
➤ 阿迪达斯市场占有率：22.9%
➤ 耐克市场占有率：20.4%
➤ 安踏市场占有率：16.45
➤ ……

（二）洞察新赛道

新赛道一：借时尚运动新人群

发现：
➤ 运动的主要人群并不太关注时尚度
➤ 更关注舒适度
➤ 更关注布料
➤ 更关注功能

新赛道二：借三、四线城市下沉新渠道

发现：
➤ 大运动品类市场被国内运动巨头占领
➤ 国产运动服饰品牌以三、四线城市为主战场
➤ 贸然进入，毫无胜算，几乎是自寻死路

新赛道四：借健身运动新场景

发现：
➤ 赛道市场规模：逐步增长，即将步入万亿元级别市场
➤ 复合增长率：高达15%
➤ 竞争优势：修身塑形市场仅3年增长715%
➤ 位居四大需求之榜首
➤ 赛道趋势：精细化修身塑形需求增加

新赛道三：借高端定制新模式

发现：
➤ 用户往往会选择定制西装礼服，而很少定制运动服饰
➤ 定制运动服饰更趋向于专业竞技类用户，市场空间窄小
➤ 同时，高端定制价格贵，高端专业用户只认自己忠诚的老品牌

经过多方论证研究，最后企业选择告别大运动服饰老赛道，选择进入健身运动新场景赛道，品牌也由此蜕变为：运动塑形衣开创者。

健身房 场景　　　运动馆 场景　　　瑜伽馆 场景

 **运动塑形衣开创者**

这个新场景赛道的体量更大，增长速度更快，复购率更高，竞争更小，更重要的是，它代表了未来的发展趋势！

借S&W案例，我们对"借赛道势"方法论进行了代入式的梳理：

S&W寻找新赛道的历程

① 寻 势	② 审 势	③ 定 势	④ 成 势
•还有哪些新赛道规模更大？ •还有哪些新赛道增长更高？ •还有哪些新赛道机会更多？	•研判新场景赛道 •规模如何？有没有机会？ •综合评估新场景	•明确新场景核心优势 •确认新场景的可行性	•借势新场景进入新赛道 •成为运动塑形衣开创者
•试图借势时尚运动人群？ •试图借势三、四线下沉渠道？ •试图借势高端定制模式？ •借势健身运动新场景？ •规模？增长？机会？	**新场景赛道是否可行？** 更符合趋势， 更具竞争优势	**S&W运动塑形衣品牌进入** **健身运动场景** 年轻用户群，规模大，增长高	**S&W成功借势** **健身运动新场景** 重新定义能塑形的内衣才是好内衣

这个方法论的步骤，同样适用于"借新人群"。

借赛道势案例2：曼科如何从传统开关赛道成功借势进入速装开关新赛道

让我们通过一个具体案例来深入理解这个方法论。

来自顺德勒流镇的伍氏三兄弟抓住了改革开放的机遇，创立了锦力电器公司，为他人做贴牌生产，一度赚得盆满钵满，但好景不长，随着行业饱和，加工利润逐渐消失。当他们想要打造自己的品牌时，公司的品牌之一曼科才发现市场竞争异常激烈，营业额难以提升。面对产品同质化严重，产品营销都集中在同一条赛道上，且对手已经十分强大，曼科该如何寻找新的出路呢？

（一）分析老赛道

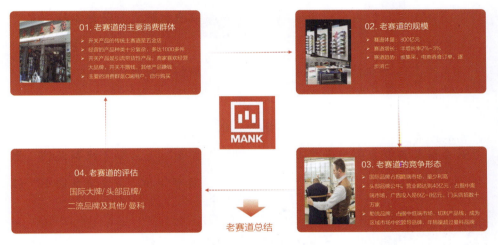

传统赛道十分拥挤；市场份额相对固定；传统赛道中曼科没有机会

（二）寻找新赛道

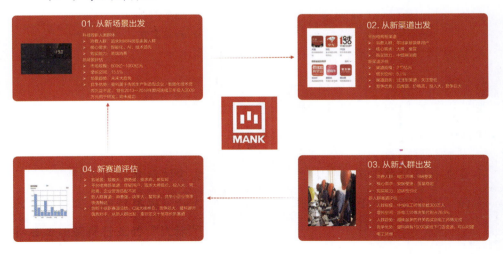

我们对新赛道进行重新评估：最终锁定开关行业的意见领袖——电工师傅，围绕新人群去做深入研究。最终我们推出了全新品牌战略：**电工品牌化战略，借势新人群——得电工者得天下！**

我们启动了百万电工招募计划、百万电工绑定计划、百万电工营销计划、百万电工赋能计划。通过这一系列措施，我们目前拥有注册电工120万人。如果每个电工师傅每天下一个开关的订单，那么每天将产生超过百万个订单。

借新人群的势能，曼科开关成功开拓了一条拥有绝对势能的新赛道，成为开关细分行业的新标准制定者，成为速装开关领域的第一品牌。

借赛道势案例3：无穷如何从菜市熟食赛道成功借势进入零食零售新赛道

这个案例的主人公是一位在杭州从事销售工作的小伙子——郭伟钦。在一次与朋友的聚会中，他  发现了熟食卤制品市场的巨大潜力，于是回到他的家乡——广东饶平，开设了一家盐焗鸡熟食档口。起初，生意相当不错，随后，他逐渐扩大了经营规模，陆续开设了第二家店、第三家店……

在菜市场开档口，每天起早贪黑非常辛苦，他累得腰都直不起来了！他开始思考：能不能不那么累？能不能换一种经营方式？他心中不断涌现出不安分的想法，并开始付诸行动，进行了一系列尝试。当他来到我们公司时，我的团队对他所在的赛道进行了分析。

（一）分析老赛道

01. 老渠道的主要消费群体
- 主要消费群体：家庭主妇、中老年人
- 主要消费场景：家庭熟食消费
- 消费能力：追求物美价廉，货比三家
- 复购比例：一周一次或两次

02. 老渠道的规模
- 赛道体量：300亿~400亿元，熟食市场相对稳定
- 赛道增长空间：年增长率为3%~4%
- 赛道趋势：被超市、平台电商、社区电商分割，销量逐步萎缩

04. 老渠道的评估
- 赛道体量增长有限
- 赛道增长空间小
- 赛道做大机会少
- 持续辛苦，无法复制

03. 竞争形态
- 市场比较平衡，价格、品质都很接近
- 谁也不比谁更有优势、更厉害

老渠道总结

渠道无势能，创品牌机会小，无法规模化发展扩张

（二）洞察新赛道

01. 从新场景出发——快餐外卖
- 消费人群：以上班族为主，一小部分居家人群
- 核心需求：追求简单、快捷和口味
- 购买能力：中、低购买力
新场景评估
- 场景规模：熟食外卖规模为300亿~400亿元
- 增长空间：年增长率为8.5%
- 场景趋势：逐渐成为新的消费趋势，呈上升趋势
- 竞争优势：从制作加工变成餐饮服务业，但优势不明显，外卖市场竞争大且迭代快

02. 从新人群出发——酒料熟食小吃
- 消费人群：以喝酒聚会为主
- 核心需求：偏好重口味和重体验
- 购买能力：中高端消费
新人群评估
- 人群规模：在夜经济下的细分市场中，市场规模为100亿~200亿元
- 增长空间：年增长率为10%~15%
- 人群趋势：消费多样化，更替快
- 竞争优势：在渠道开发和客户资源方面有所表现，但产品创新难度大，挑战高

04. 新赛道评估——休闲零食渠道
- 消费人群：上班族、休闲人群和差旅人士
- 核心需求：追求高品质和知名品牌
- 购买能力：中高端消费
新模式评估
- 渠道规模：8000亿元
- 增长空间：年增长率为15%~20%，发展空间巨大
- 模式趋势：作为主流趋势
- 竞争优势：拥有自有工厂，产品有特色，借助销售渠道，尽管盐焗没品牌，大品牌少，但做大的机会很大

03. 从新模式出发——盐焗鸡连锁加盟
- 消费人群：代餐熟食的消费者主要是上班一族和差旅人士
- 核心需求：偏好大品牌和全系列产品
- 购买能力：中高端消费
新模式评估
- 市场规模：500亿~600亿元
- 增长空间：年增长率为10%~15%
- 模式趋势：熟食品牌化消费趋势
- 竞争优势：连锁加盟招商团队要求高、招商加盟资源丰富，这些都是企业所不具备的

至此，郭伟钦彻底告别了菜市场的传统渠道，借助快消品新赛道迅速起步，抓住了巨大的商机！

- 从规模300亿元的菜市场赛道，跨入规模8000亿元的休闲熟食大赛道。
- 从零开始，创建品牌，实现品牌梦想。

- 从每天辛苦经营档口，转变为自动化生产，达到日产10万包的产能。

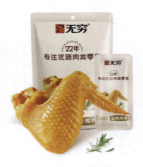

彻底脱离菜市场传统熟食渠道，借势

零食零售新赛道

开启全新品牌式发展新机遇

这家企业就是无穷，老板就是郭伟钦！

⭐ 借赛道势案例4：海基伦如何从幼教家具配套赛道成功借势进入幼教空间新赛道

海基伦的创始人魏杰彪，是一位商业嗅觉非常  敏锐的企业家。在创业之初，他发现幼儿园家具设备市场潜力巨大，但竞争者很少。最初，他在批发市场开设了一个专门从事幼儿园家具设备批发的档口，生意很快就红火起来。

随着行业的日益拥挤和竞争的加剧，魏杰彪决定自建工厂，并投入重金聘请高级师傅进行产品研发。随着企业的不断发展壮大，海基伦成为中国幼教家具设备的第二品牌。

当然，成功之后也会引来模仿者，而且手段可能非常低劣。海基伦在达到一定规模后，遭遇了一系列危机：

- 产品被抄袭：花费六个月时间研发的新品，对手仅用一个月就模仿出来了。

- 价格被击穿：对手不仅模仿，零售价还比海基伦低。

- 渠道被吞噬：对手千方百计锁定海基伦的用户，并用各种方法拉走用户。

- 品牌被无视：经销商只认产品，不认品牌，一旦其他厂家提供的利润更高，他们立即转而推广其他品牌的产品。

于是，企业迅速调整战略，发起两次反击：

第一次，开发了更多低端产品，期望用产品打服对手。但结果可想而知，不但没有打败对手，反而让自己的高端产品销售受阻，经销商只选择性价比好的产品去销售。

第二次，回击价格战，期望用低价干掉对手。但作为正规厂家，高品质产品用价格与小工厂小作坊血拼，真的拼得过吗？结果不仅没有干掉对手，反而让经销商的利润越来越少，经营积极性受挫，销量下滑。就这样，海基伦连续四年停止增长，陷入了经营的瓶颈。

"如何破局，如何真正碾压对手，实现数倍级的增长？"这个问题，摆在了我们面前！

首先，我们必须对企业的老赛道进行深度分析。

（一）分析老赛道

老赛道存在三大特点：

1. 招标制约

在幼教装备行业中，但凡单值较大的项目都需要进行招标。市场化程度不高，导致行业分散，连一家十亿元级别的企业都没有。而招标众所周知，其中的操作空间很大，严重制约了海基伦规模化发展。

2. 蚂蚁市场

幼教行业鱼龙混杂，大小企业并存，门槛低，背个包就可以揽项目，有10万个背包客业务员。你可以想象吗？海基伦有5000个经销商，一年却只做了2亿元的业绩，平均客单价为4万元。没有大用户，海基伦永远做不大。

3. 项目分散

幼教行业的产品类目特别多,有上万种。一所幼儿园可能需要几十个供应商来提供服务,项目被分割成许多小项目,海基伦拿到的订单通常只有10万~20万元,30万元以上的订单就算大单了。

我们认为:这样的赛道无法实现数倍增长!海基伦必须借助新赛道的力量!

(二)从四个方向为项目寻找新赛道

| 从新场景出发 | 从新人群出发 | 从新渠道出发 | 从新模式出发 |

1. 从新场景出发:尝试将产品从幼儿园场景扩展到儿童居家场景

我们走访了全国排名前十的家具城,发现了以下现状:

- 儿童家具市场空间巨大,市场规模在800亿~1000亿元之间。
- 产品的延伸性更强,消费者黏度更高。

同时,这条赛道也存在三个问题:儿童家具品牌弱势,陈列通常被放置在角落;行业成熟,对手实力强大;增长低迷,市场份额被整装公司夺走。

2. 从新人群出发:尝试从幼儿园群体扩展到中小学群体

经过三轮走访,进入新人群后,也发现了三大问题:同样存在招标问题,而且竞争更加激烈;对手实力更强大,行业前十名中有八家是上市公司;更新换代的频率慢,3~5年才有一次机会,机会较少。再加上海基伦在普教渠道上没有任何积累,从零开始发展太慢!

国内发展受限,能否尝试国外市场?

3. 从新渠道出发:尝试通过外贸渠道将产品行销全球

我们咨询了从事外贸幼儿家具的朋友,并进行了调研,得出了以下信息:

- 全球市场两极分化,欧洲和北美是高端市场,但需求量小,用户很挑剔;非洲及其他发展中国家需求量大,但市场低端,以价格为主。

- 欧美市场几乎没有机会，人口负增长，市场完全被国际大品牌垄断。

- 非洲国家要么被本地小厂占领，要么被义乌厂家以极低的价格抢占，海基伦没有优势。

经过三轮尝试后，我们不得不再次将目光转回到国内市场。

4. 从新模式出发：化零为整，重写行业格局

是不是B端思维限制了我们的思路？跳过渠道，直接找用户！我们再次出发，拜访并调研了35家幼儿园和23位幼儿园园长，发现了三大变化：

第一，园长年轻化。从我们传统认知中的40~50岁园长，变成了现在20~30岁的年轻园长。

第二，审美趋向时尚。从原来五颜六色的装饰风格，演变成了极简主义，甚至黑白灰的色调。

第三，思维个性化。从原来千篇一律的园所风格，到现在每个园所都追求独特性。

同时，我们还发现了四大新需求：

第一，更加注重空间的整体规划。

第二，更加注重开放型的教育理念。

第三，更加需要一站式的全方位整体服务。

第四，更重要的是，园长在招投标项目的决策权越来越大。

能不能借助消费的新趋势，从新模式出发，彻底打破行业的瓶颈，重新定义行业的格局？

结合多方论证，我们大胆提出了一个全新的模式：**一站式幼儿园整体空间输出**！不是卖产品，而是卖空间，真正满足用户的需求！

这个赛道的势能是否有十倍的增长？我们认为是有的。

第一，赛道规模：现有的幼儿家具市场规模为300亿元，而幼儿园整装

市场规模为4500亿元，是前者的十倍以上！

第二，增长率：目前海基伦平均单值是几十万元，而幼儿园整装输出的平均单值在300万~500万元之间，也是前者的十倍以上！

第三，竞争优势：海基伦的副董事长出身于设计师，拥有20年的空间设计经验，公司自有设计师团队25人，产品研发人员500人，远超行业竞品，优势绝对是竞品的十倍！

（三）海基伦正式进入幼教空间整园输出新赛道

借助新模式，进入整园空间输出的新赛道，是否就意味着成功了呢？不！仍然会有一堆对手模仿你！如何击穿这条赛道，碾压对手呢？

海基伦借势新模式，进入

幼教空间整园输出新赛道

➤从买单产品到买空间整体解决方案
➤从受控于人脉关系到营销前置到园长
➤从单值30万元提升至300万元项目总额

海基伦迅速建立了高标准，以迅雷不及掩耳之势，快速占领了行业的高地。

1. 重新定义自己，重新定义对手

重新定义海基伦——更懂幼教的空间规划师。海基伦不仅懂空间规划，而且更懂幼儿教育。

2. 重新定义幼教行业规则

从招标模式转变为解决方案，重新定义了招标标准；从依赖人脉关系到专业营销，重新定义了专业标准；从暗箱操作转变为营销前置，重新定义了价值标准。

3. 重新制定招投标系统

我们花费了三个月的时间与招投标专家一起研究如何让品牌成为"标

王"，并开发了一套碾压对手的招投标系统，实现了十倍的招投标成果！

我是"标王"

标准方案　招标标准　标准流程　交付仪式

与此同时，海基伦将产品紧密围绕"整园输出"模式，将幼儿园规划为六大空间：教学空间、功能空间、户外空间、公共空间、社交空间、办公空间。针对各个不同的空间，塑造了十倍级的空间功能、十倍的空间价值以及十倍级的空间颜值！

在超级图腾的创作上，我们充分尊重孩子与世界的关系，借用了世界级的语言，向世界说"Hi"，向世界打招呼，同时，这也是海基伦首字母"H"的体现，再将孩子与桌椅的形象提取出来，形成了一个行业的印记，既生动又可爱！

当品牌前端的势能蓄势待发时，在营销上我们开始采取一系列重大行动，彻底引爆品牌。

第一，借超级大会。2022年2月25日，我们举办了震惊行业的超级经销商大会，在中山海基伦召开，全国排名前十的经销商中有八家出席！

大商为什么而来？

NO.1
突破十倍增长
新模式发布

NO.2
经销商
排名前十
行业首场
闭门私董会

NO.3
为无冕之王
加冕
经销商十倍
增长导航图

盛况一
所有参会者都由衷感恩海基伦，在疫情期间为行业，为经销商赋能，非常认可海基伦！

盛况二
每个参会者都制订了详细行动计划，现场收获多个超级大单！

盛况三
对于原来没兴趣参加的两个经销商，在现场参会的朋友录制视频发给他们，等他们连夜赶过来时，会议已经结束！

第二，借超级大事件。我们重新定义了一个专属于幼师的节日——幼教日。联合50位中国知名幼教学者，全国500所省市级示范幼儿园，超过10万名幼教老师，共同发起6月2日的世界幼教日！

第三，借超级展会。2023年的CPE中国幼教展在上海召开，我们的目标不仅是震惊行业，还要震惊对手，实现未战而先胜！

在这个过程中，我们也欣喜地看到了海基伦发生了脱胎换骨的变化：

- **商业模式**：从销售单款产品转变为提供整体空间输出的解决方案。
- **商业层面**：从处于被动局面到拥有行业话语权，掌握了主动权。
- **订单额度**：订单的单值从几十万元增长到几百万元，获得了各种荣耀。
- **品牌升级**：从一个简单的商标升级为一个能够影响整个行业的超级品牌。

我们也高兴地看到，海基伦从一个仅仅专注于产品和营销的企业，通过运用碾压式竞争系统，真正实现了在"整园空间输出"这一细分行业中成为第一名，整合了全行业资源，布局了幼教家具的生态链，成为幼教配套家具整园空间输出的标杆品牌。我们衷心祝愿海基伦能继续扬帆起航，引领中国幼教装备产业的发展，为幼儿园和孩子们提供更多健康、富有体验感的成长环境。

中小企业要想真正化弱为强，在竞争中占据绝对优势地位，仅仅选择好的赛道还不够。要真正获得行业的话语权和定价权，中小企业需要构建品牌的地位势能。

在下一章中，我们将介绍如何构建品牌地位，重新定义行业的标准。

第二章

借地位势

挖掘十倍差距

为什么中国品牌在与国际品牌竞争时常常处于弱势和被动？品牌的标准究竟掌握在谁的手中？

以印刷机行业为例，同样的产品，为什么德国的海德堡能卖出1000多万元一台，是国产印刷机的百倍价格？海德堡的印刷机真的比国产品牌优秀100倍吗？质量好100倍、技术先进100倍吗？

许多人认为品牌间的竞争是产品核心竞争力的较量，但实际上并非如此。在这个时代，品牌间的竞争本质上是行业标准的竞争。谁掌握了标准，谁就是行业的领导者，谁就拥有行业的话语权和定价权。印刷机的标准由海德堡掌握，海德堡就是行业的老大。汽车的标准由奔驰制定，奔驰是汽车行业的权威；同样，白酒的标准由茅台制定，茅台拥有白酒行业的绝对话语权和最高领导地位。

在辅导企业的过程中，企业家经常与我探讨这个问题，他们几乎都问过同一个问题："蒋老师，中国品牌想要真正崛起，实现品牌出海，我们面临的最大挑战是什么？"关于这个问题，请各位做好心理准备，我要开始给大家泼冷水了：中国品牌实际上并没有真正出海，出海的只是中国产品。一直以来都只有中国制造，而没有中国创造。

这背后的原因到底是什么呢？

在这个极致内卷的时代，企业间的竞争不再是单纯的产品竞争，也不仅仅是品牌竞争，最本质、最核心的竞争其实是标准的竞争。品牌想要获得绝对的行业地位，唯一的途径就是打破对手制定的老标准，重新建立更高的新标准，这样我们的品牌才能获得十倍的溢价力和十倍的竞争力。

企业如何抢占行业的制高点，重新定义行业更高的标准，成为行业的领袖企业？我想，当你阅读完这一章后，心中一定有了答案。

中小企业在竞争中如何抢占地位

标准就是地位。

- 三流企业做产品；二流企业做品牌；一流企业做标准。
- 企业与企业之间的竞争，归根结底是标准的竞争。
- 行业标准的制定者就是行业的领导者。
- 占领行业标准就是占领行业地位。

建立更高标准，就是从根本上颠覆老标准，重新定义行业格局，奠定品牌在行业中的地位。那么，究竟什么是标准呢？有没有一把尺子？有没有更具体的表达？

我认为是有的。各行各业都处于同一个竞争场域中，那么标准必然从这个场域中产生。

标准是什么

- 标准就是抢第一。
- 标准就是话语权。
- 标准就是定价权。

可见，标准对于企业来说至关重要。它是关乎企业在竞争中能否由被动转为主动的关键因素。同样地，为了更清晰地建立标准的边界，我们还需要从"不是什么"的角度，清晰界定"标准"的概念。

标准不是什么

许多行业普遍存在一个误区，即将默认的基本标准或某些潜规则视为标准的一部分；更有甚者，将"标准"变成一种自我宣传的手段，或将行业内常用的技术术语当作自己的标准。他们错误地认为，只要自己说出来，这些就是自己的标准。然而，这完全是自欺欺人的做法，这些根本算不上真正的标准。那么，标准不应该是什么呢？

- 标准不是基本准则。
- 标准不是行业潜规则。
- 标准不是自说自话。

我认为，在商战中，"建标准就是抢地位"是企业生存的不变真理。我们通过以下几个案例来进一步证实这一观点。

为什么建标准就是抢地位

一、标准在谁手里，谁就是行业老大

奢华的标准掌握在劳斯莱斯手中，劳斯莱斯就是"奢华标准"的老大。

安全的标准掌握在沃尔沃手中，沃尔沃就是"安全标准"的老大。

二、谁成为标准，谁就是老大

在很长一段时间里，手机操作系统市场只有安卓系统和苹果系统。当华为推出"鸿蒙系统"时，其标准在很多方面都超越了另两个系统。毫无疑问，华为因此真正跃升为智能手机行业新的老大。

三、谁先提出新标准，谁就是老大

当所有方便面品牌都在强调新口味和口感时，白象独辟蹊径，建立了"6小时慢熬老汤"的新标准，刷新了速食方便面的新标准：只有"汤好喝"的方便面，才是真正的好方便面。

大量案例都在证明一个事实：建标准就是重新定义品牌地位，改写行业格局。

除此之外，建标准对企业还有哪些好处呢？

建标准好在哪

- 从跟随者到领导者。
- 标准是谁，用户就选谁。
- 摆脱价格战，升维价值。
- 建标准，就是建壁垒。

案例：曼科开关

众所周知，在开关行业里，施耐德建立了"耐用"的标准；飞雕建立了"艺术美学"的标准；公牛建立了"安全"的标准。曼科，作为一个后起之秀，在众多行业头部品牌的强势竞争之下，该如何突破重围，建立更高的行业标准，成为行业更高标准的制定者？

我带领团队进行了深度调研，发现了一个有趣的现象——开关最大的购买者并不是使用开关的业主，而是负责安装工作的电工师傅。因此，"搞定电工"群体，让我们的品牌成为他们的首选，成为他们认为的高标准，才能规避竞争，成为新的行业制高点，拿回行业话语权。

随后，我们进一步研究发现，电工群体最关心的不是安全、不是耐用、更不是美观，他们关心的是——安装一个开关需要多少时间。他们更关心"安装速度"。于是我们推出了"曼科速装开关"。

从此，在开关行业里有了："曼科开关"="速装开关"；曼科也代表了"速装开关"的最高标准。

曼科的案例充分说明了，建立行业标准的品牌能够获得的行业地位以及带来的商业价值。

也许有学员会问，建立标准真的这么重要吗？不建立标准行不行？如果不建立标准，会怎样？是的，不建立标准，企业或许在短时间内还能生存，但长期来看，这对企业的发展壮大非常不利，更不用说实现百年基业的梦想了。

不建标准的后果

- 陷入价格战的泥潭。
- 容易被抄袭、模仿，为对手做嫁衣裳。
- 杂牌难以立足，好的品牌都有标准。

大家都知道，深圳的华强北手机曾占据了全国手机市场的半壁江山，渗透了90%底层工薪阶层的生活。然而，整个华强北鱼龙混杂，没有任何一个叫得上名字的品牌能够脱颖而出，全是杂牌。慢慢地，几乎所有山寨手机也渐渐失去了市场主动权，退出了市场。

案例：喜茶如何借地位势重新定义奶茶新标准

新式茶饮的开创者贡茶，一开始它没有建立一杯好奶茶的标准。这让所有潜在的竞争对手有机可乘，谁都可以随手做出一杯奶茶，全国各地出现了大量的模仿者和竞争者，很快它失去了开创者的优势，淹没在市场的浪潮之中。而另一个品牌——皇茶，也做得风生水起。自2012年5月皇茶在江门开出第一家门店后，慢慢小有名气，同样模仿者也开始涌现。它们披着相似的外衣，出售着和皇茶如出一辙的产品，但产品的用料和品质却让人不敢恭维。假冒皇茶最盛行的时候，在全国可以找到上千家。消费者慕名而来却喝到了劣质仿冒的皇茶，自然会产生不满和失望。

思虑种种，皇茶意识到必须面对一个现实：没有标准，就没有竞争壁垒，必然逃不过被抄袭模仿的命运。痛定思痛之后，皇茶决定将原有的皇茶品牌全面升级并注册新品牌——喜茶。这对于皇茶来说是一个艰难的决定，也是一个巨大的挑战。喜茶的诞生才真正定义了"一杯好奶茶"的标准——真果、真奶、真茶。从此，喜茶开创了新茶饮时代。截至2023年底，喜茶门店数已突破3200家，其中事业合伙门店超过2300家，门店规模同比增长280%。喜茶会员总量超过1亿个，成为行业内首个私域用户规模破亿的茶饮品牌。

同样，另一个例子来自线上订票平台的开创者——艺龙。它曾经是线

上订票的第一平台，平台发展迅速，规模不断扩大。然而，致命的是，它并未意识到需要建立行业的竞争壁垒。携程以4亿美元收购了其持有的艺龙37.6%的股份，成为艺龙的最大单一股东。

像这样的案例还有很多，相信大家也看到了品牌不建立标准的后果。

那么，建立标准难不难？当然，任何标准的建立都不是一件容易的事情。建立标准到底难在哪里？让我们继续往下看。

建标准难不难，难在哪

一、难在"新标准"

1. 什么是新标准

- 一定是新的。
- 一定是重新定义的。
- 一定是普及了什么是好的。

2. 为什么要建新标准

- 因为老标准都是对手定的。

3. 建新标准的挑战

- 超越对手的标准。
- 更极致。
- 更高要求。

二、难在"认新标准"

1. 什么是认新标准

- 行业认可的。

- 消费者愿意重新选择的。
- 令对手瑟瑟发抖的。

2. 为什么要认新标准

- 认新标准就是承认你的地位。
- 认新标准就是承认你的实力。
- 认新标准就是承认你领先。

3. 认新标准难在哪

- 难在形成行业共识。

案例：恒大粮油如何因未建行业标准最终造成百亿元巨额亏损

恒大粮油的悲剧，就是一个没有重建行业标准的典型案例。当年，恒大粮油耗费了百亿元人民币的投资，尽管其产品售价高昂，却难以超越金龙鱼、鲁花等头部品牌的强劲竞争，很难去重建粮油行业的更高标准。对于半路出家进入粮油行业的恒大来说，没有绝对的压倒性优势，注定了即使规模再大，也难以行远。最终，恒大粮油在短短一年多的时间里就被打包出售。港交所发布的公告称，恒大粮油仅以6亿元人民币的价格售出，造成了近百亿元人民币的巨额亏损。

品牌建立标准确实存在一定的挑战，这也让很多企业望而却步。绝大部分企业往往没有更积极地想要去突破困境，而是在原地徘徊，不断地尝试超越老标准，妄想借此打败对手。

绝大多数企业选择如何突破困境

总想超越老标准，打败对手。

⭐ 案例：泡小燕如何突破发展困境重新定义好饮品的行业标准

有一个燕窝品牌名为"燕子约"，当时这家企业遇到了发展的瓶颈：上有头部企业的强势竞争，下有源头厂家分流客源，一度陷入夹缝中求生存的焦灼状态。在这期间，企业并没有闲着，不断地进行尝试，光是大幅度的动作就有三项：试图寻找产品新标准以超越小仙炖；花费巨资聘请调香师，试图从口感上取悦消费者；尝试从纯度上超越对手……这样一番折腾之后，投入的资金打了水漂，却依然无力改变行业标准，继续在原地挣扎。我们的建议是：唯有立足于新赛道，重新制定标准，才能在竞争过程中实现真正碾压对手。

那么，想要彻底突破困境，企业应该怎么做，才能一打一个准，弹无虚发呢？

要突破困境，中小企业应该怎么做

不是超越老标准，而是在新赛道上建立新标准。

案例：泡小燕

我们还是以"燕子约"这个案例来拆解。

在多方尝试无果后，我们咨询团队的介入促使企业决定不再在老赛道上与老标准硬碰硬，而是在细分赛道上建立更好的饮品新标准。当品牌选择进入"燕窝饮品"这一新赛道时，"能养生的饮品才是好饮品"成为饮品行业的全新高标准。燕子约也升级并改名为"泡小燕"，以更年轻的姿态成功收获了年轻消费者的追捧，一出场就实现了十倍的销量增长。在2023年的"双十一"购物节中，它获得了燕窝饮品全网销量第一的佳绩，成为全网燕窝饮品的第一品牌。

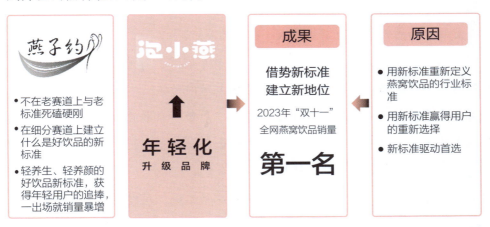

由此可见，改变地位就是改变命运。我想很多企业家一定也迫切想要知道，既然借地位势具有如此强大的力量，那到底应该怎么借呢？别着急，我们通过一个案例，来一步步拆解如何借地位势。当阅读完这个案例后，也许你就能找到答案了。

借地位势方法论

品牌借地位势方法论可以概括为九字诀，即"地位三借"：

借标准、借信任、借文化。

下面这个案例，就是通过典型的"地位三借"彻底改变了行业地位，成为行业的领头羊。

⭐ 案例拆解：素天下如何成功借地位势重新定义素食行业新标准

素天下的创始人林忠，是来自福建的一个有想法、有抱负的创业者。大学毕业后，他开始了自己的创业之路。最初，他开设了一家小型食品工厂，但由于市场上同质化严重、竞争激烈，工厂的经营状况一直不温不火。面对这样的困境，林忠决定暂时停下脚步，深入思考企业的经营思路如何转变。他选择重新出发，去看看外面的世界，为事业寻找一条新的赛道。

他成了一名航海船员，足迹遍布100多个国家。随着阅历的增长，他的眼界和格局也随之打开。在接触到世界上不同种族、不同饮食文化之后，商业嗅觉敏锐的他发现，在西方国家，"素食"非常流行。直觉告诉他，不久的将来，"素食"将会成为新的饮食方向标。因此，他回到福建，创建了以素食为主要经营范围的品牌——"素天下"。

然而，品牌的创建和经营过程并不一帆风顺。在经营企业的过程中，林忠时常感到被动，不知道未来的出路在哪里，也不清楚怎样才能成为行业的第一品牌。他常常陷入苦闷："我能做的，对手也能做，而且很快陷入价格战……"经过一段时间的思考，他意识到做事业需要寻根找魂，必须找到行业真正的制高点。

带着这个想法，他拜访了许多策划公司的老师。然而，每个人给他的解决方案几乎都是传播方案，要么建议他去扩大知名度，要么建议他斥巨资投放广告。林忠始终觉得这些都不是做品牌最本质的问题，但他也说不出哪里不对，一时间陷入了迷茫。

一次偶然的机会，他来到北京学习。他不是来学习企业所需的工商管理，也不是技术管理。他选择去学习国学，寄希望于在中国浩瀚的五千年智慧里，找到他一直追寻的那个答案。在此期间，国学老师也将毕生的国学知识毫无保留地传承给了他。然而，老师并不能给他一个如何为企业做品牌的解决方案。

说来也巧，就在同一个班级、同一个时间段，我和他居然成了同班同学。在此之前，我们都互不认识。第一次真正有交流，还是因为那一天我们俩都提前一天到达了清华大学。那天我们一起吃了晚饭，我自然也就得知了他的苦恼。

听完他的介绍之后，我向他提出了根本性的问题："竞争的本质是什么？经营企业的核心是什么？"当他按照自己的见解陈述之后，我认为他的理解也对，但不是问题的本质。于是，我也毫不客气地提出了我的看法："林总，有个很扎心的问题，品牌之间竞争的本质，实际上是标准之间的竞争。你唯一能做的是建立自己的护城河，那是你能够领跑企业、持续经营的唯一法宝……"那天，我们聊了很多。

林忠默默地听着，不时地点头。一顿饭吃完后，我从他的眼里看到了一种振奋，一种欣喜，他说这仿佛就是他一直以来苦苦追寻的答案。

接下来的故事，就是我们与"素天下"一起去抢占行业制高点的高燃之路。

素天下，作为一个新创品牌如何成为素食细分行业的第一？

让我们用碾压式竞争系统中借地位势方法论，来回答这个问题：

第一步：建标——建立新的高标准。

第二步：认标——获得最高权威承认。

第三步：用标——成为全行业通用的标准。

第四步：成标——高标准，成就高地位。

抢占行业制高点
成为行业标准的制定者

01 建标　　02 认标　　03 用标　　04 成标

为什么要建立标准？有两个原因：

第一，行业缺乏标准。

第二，只有建立标准，行业才能实现大发展。

对于食品行业来说，建立标准同样至关重要。食品行业标准的发展经历了四个阶段的演变：

1.0阶段：没有标准，市场混乱，好坏难辨。

2.0阶段：基本标准，行业有了最基本的指标。

3.0阶段：绿色标准，行业迎来了快速成长的阶段。

4.0阶段：有机标准，行业进入了高端和规模化发展的新阶段。

到了这个阶段，是否就意味着在市场中已经拥有了足够的信任度呢？不，信任度还不够！随着"清真食品"标准的提出，食品行业的最高标准再次被刷新。这一标准拥有更为严格和苛刻的要求，从食物原料的饲养、宰杀、处理、加工、分配，到安全、卫生、包装、标签，再到运输的规范化，都代表了更高的标准，这几乎成了食品行业的天花板。

食品行业的标准的发展

那么，素天下应该构建什么样的高标准呢？我们在对行业进行了综合研究和研判之后，首次提出了"三素"标准。

三素标准

"素天下"借地位势第一步：建标

"三素"标准分别对应不同的核心人群和不同的核心价值标准：

1. 纯素

- 核心人群：有信仰的群体/修行居士。
- 核心价值：为宗教信徒修行提供所需的守戒食材。

2. 净素

- 核心人群：提倡健康饮食、减负生活理念的群体。
- 核心价值：发扬绿色环保的饮食理念。

3. 以荤托素

- 核心人群：既追求健康饮食，又酷爱味蕾享受的群体。
- 核心价值：普及素食，健康饮食不必割舍极致的味蕾体验。

创建"三素"作为素食新标准，素食这个细分行业从此有了衡量的尺度，行业得到了规范。"素天下"品牌也一举荣获中国素食行业协会授予的"中国素食专家"的荣誉称号。

荣获中国素食行业协会授予

"中国素食专家"

荣誉称号

"素天下"借地位势第二步：认标

成为行业高标准的制定者，仅有公信力还不够，还需要得到行业最高权威的认定，被媒体舆论和大众承认、被业内集体认可。"素天下"的高标准必须获得行业的"认标"。

通过"四借"动作，完成"素天下"的认标过程：

1. 借信任：提升行业公信力

与福建农林大学携手共建"海峡食品安全与生药学研究所"。

2. 借文化：推动行业大发展

建立一所集多功能多体验于一体的"素食文化产业园"。

3. 借事件：将行业推向新高度

"素天下"与新东方烹饪学校联合举办"素天下杯"烹饪擂台争霸赛，成为中国烹饪协会名厨委全面管理和运作中式菜肴研发中心旗下的33家推广示范基地之一。

4. 借官媒：为行业代言

连续三年荣登《烹饪艺术家》杂志封底；"素天下"成为CCTV《品质》栏目的入选企业。

这一系列的连环组合拳，让"素天下"在业内、在素食文化圈中的品牌声量与影响力得到了巨大的提升，获得了绝对的行业公信力。

但要让"素天下"的标准深入人心并发挥商业价值，需要在全行业推广使用，只有被广泛使用的标准，才不是空洞的标准，才是真正被固化、立得住的标准。

"素天下"借地位势第三步：用标

我们将用标的战略目光投放到全产业链，从四个维度大规模、大面积促使行业使用"三素"新标准：

第一，超过5000家餐饮店开设"素天下"菜品专区。

第二，超过1500家食品产业使用"素天下"标准。

第三，全国超过7000家素食餐厅使用"素天下"的素食标准。

第四，每年有10万名星级厨师提供素食菜品及烹饪技术。

品牌标准在行业内得到承认和使用，成为行业标杆，也就是自然而然的事情了。

"素天下"借地位势第四步：成标

"素天下"品牌在"借地位势"建立高标准的道路上，取得了丰硕的成果：

连续5年在素食行业的销售量第一，市场占有率第一，品牌认知度第一。

至此，"素天下"通过一系列借地位势的动作，完成了品牌在素食行业中的华丽转身，成为影响素食行业的标杆品牌，确立了品牌在整个素食细分行业中的领导地位。

对于我们的咨询策划工作来说，这个项目的工作刚刚结束，而对于品牌的发展来说，才刚刚开始。

让我们一起来盘点通过"建标、认标、用标、成标"四个动作之后，"素天下"取得了哪些成就：

- 借地位势：抢占行业高标准，成为素食行业的领导者。

- 强十倍：品牌领导地位增强了十倍。
- 做第一：成为中国素食行业的第一品牌。

品牌通过借赛道势，获得了十倍增长的新机会；通过借地位势，创建了行业的新标准，改变了行业的格局。这对于一个品牌的打造和经营来说，才刚刚完成了最底层的根基工作。我们还需要通过"借认知势"建立一个无须教育、一听就懂、一懂就爱上的品牌认知系统，从公共大认知上去收获消费者的追捧，去赢得十倍的热卖。

下一章，我们将通过"借认知势"学习一套四两拨千斤、好用、有效的方法论。

第三章

借认知势

生发十倍决策

好认知是借来的

我们应该如何建立品牌认知？使用什么方法来建立品牌认知最为有效和迅速？很多人可能会说："做大型广告、教育消费者、请明星代言，大品牌哪个不是靠烧钱烧出来的……"如果大家都这么做，最直接的后果就是投入巨大、费用高昂，但收效甚微。更有甚者，找明星代言对品牌来说就是一次巨大的冒险，一旦明星出现丑闻，对品牌的名誉也将造成不可逆的损害……那么，我们应该怎么办呢？我个人认为，好的品牌认知，一定是借来的。因为只有借，成本最低，效果最好。借钱需要还，但借认知则无须归还。借，几乎是无本万利的好事，何乐而不为呢？

那么，我们该如何借呢？以我们一个咨询案例为例，这个品牌在建立认知的借势操作过程中，几乎可以说是敢借、善借、会借的典范。

📄 案例：快雪堂如何成功借势"乾隆皇帝"公众大认知成为普洱茶鼻祖

故事还得从一位来自香港的女士说起，她被誉为"翡翠女王"，酷爱普洱茶，并一直想创立一个属于自己的普洱茶品牌。最初，这个品牌的名字被定为"香港号"。当你听到这个名字时，你的第一反应是什么？没错，你的感觉与第一次听到时的高度相似——很多人的第一直觉都是：这是一个做贸易商行的品牌。我们建议她必须更换品牌名——一个好的品牌名，可以节省数以千万计的费用。

之后，我们对这个品牌未来应该叫什么名字，进行了多次研究与重构。想了很多名字，都因为各种原因无法注册。一时间，大家陷入了焦虑的状态。一次偶然的机会，她邀请我们去北京参观一个正在修护的宫殿，说或许可以带给我们一些灵感。这个宫殿位于北海公园内，是一个皇家园林。一进门，我们就被一块联合国教科文组织亚太地区颁发的优秀奖石碑

吸引住了。我心想，这回有戏了！进殿后，我们了解到这个宫殿原是乾隆皇帝用来喝茶、临摹字帖写书法的地方，殿内依然让我们感觉到浓郁的茶香书香气息。

我突然诞生了一个大胆的想法——能不能将此宫殿的名字借为己用？这个宫殿门头匾额上写着——快雪堂。于是我们立即开展商标注册工作，发现此名字已经被注册过了。后来又想了很多办法，当我们千方百计把品牌名给买回来后，就正式启用——快雪堂。

让我们意想不到的一个惊喜是：匾额上的"快雪堂"三个字，竟是乾隆皇帝的御笔。于是我们一不做二不休，索性将乾隆皇帝的御笔"快雪堂"三字借为品牌的主视觉超级图腾。与此同时，我们一直在对普洱茶的源头进行更深度的挖掘，惊喜不断出现——原来"普洱茶"的命名者竟也是乾隆皇帝本人。那就干脆把他老人家也借来作为品牌的代言人吧。就这样，皇家宫廷品茶文化、乾隆皇帝与普洱茶的故事也成为"快雪堂"浑然天成的品牌故事。

NO.1 借品牌名

借皇家茶院
借300年前的皇家宫廷文化
国家非遗文化建筑
香港号，将300年的历史和宫廷文化为我所用，品牌正式更名为"快雪堂"

快雪堂背后的主人是谁？
快雪堂是谁修建而成的？

NO.2 借代言人

乾隆四十四年（公元1779年）下旨修建快雪堂
乾隆有两大爱好，其中一大爱好即品茗

快雪堂品牌logo
为何人书写？

4借认知

快雪堂

始于1779年
普洱茶始祖

普洱茶为什么叫普洱茶？
普洱茶和乾隆之间有何渊源？

NO.4 借御笔

巧妙借用乾隆为"快雪堂"御笔提匾
作为品牌超级图腾，让历史与文化为品牌赋能

NO.3 借品类名

一次在快雪堂品茶作诗，乾隆见茶汤红浓明亮，沁人心脾，遂龙颜大悦："此茶为何名？圆如三秋皓月，香如九畹之兰，滋味这般美好。"得知为普洱府进贡，遂赐名"普洱茶"

通过这一系列操作，快雪堂一举跃升为高端普洱茶的第一品牌。是的，一个"借"字可敌千军万马；一个"借"字价值千金；一个"借"字，四两拨千斤。

那么，好认知为什么是借来的呢？

借认知好在哪

在陪伴众多中小企业从数千万元级别到亿元级别，再到十亿元级别的成长过程中，我始终主张"借"是一种一本万利，甚至无本万利的策略。我始终认为：用大规模投入和大张旗鼓的方式赢得市场，并不高明，也不经济；而利用"人类集体大认知"作为撬动品牌的杠杆，往往能获得意想不到的巨大效果，这也符合大多数中小企业资金有限、资源匮乏、实力较弱的实际需求。用金钱堆砌出来的市场是具有可复制性的。而"借"这一动作，则更需要企业导师的专业性和扎实的功底。这么多年来，我们深刻体会到"借"带来的四大好处：

- 借，成本最低：用最少的投入，获得最好的效果。
- 借，速度最快：公众已有的认知，拿来即可使用。
- 借，无须教育：集体记忆，无须额外教育。
- 借，接受更快：熟悉的印象，更容易被快速接受。

至此，你可能会问："蒋老师，那借认知确实好，但我们究竟该如何借呢？我们也无从下手。"是的，借认知并不是盲目的，更不是随意而为的。借认知，需要从品牌、行业、人类社会、文化渊源等层面去寻找源头。

寻根找魂。

这就需要初创品牌懂得去溯源，去追寻行业的源头、历史以及最具代表性的文化渊源。我们必须竭尽全力，深挖品牌背后隐藏至深的"人类集体大认知"，它本来就存在，无须教育，无须培养。把它精准地找出来，关联它、放大它、强化它、运用它，让它释放出强大的品牌价值。

寻 根 找 魂

➤ 寻，人类集体大共识
➤ 寻，公众广泛大认知
➤ 寻，行业源头
➤ 寻，文化渊源

只有寻根找魂，品牌认知才有灵魂！

那么，寻根找魂，究竟要寻找什么呢？我们需要从四个方面去找到大认知的源头。

- 寻，人类集体大共识。在人类几千年的文明史、百万年的生存史中寻找早已存在的人类集体经验、共识，寻找具有公众默契的存在。

- 寻，公众广泛大认知。在社会生活中被广泛认知的常识、规则，以及无须专门教育的认知。

- 寻，行业源头。品牌所在行业的发源地、发明者、创始者，是最具有权威性的大认知。

- 寻，文化渊源。寻找能产生关联、具有全民集体认知的文化渊源。

以上四个方面，几乎覆盖了"公共大认知"的绝大部分范畴。就像刚刚看到的"快雪堂"品牌，从品牌名"快雪堂"到代言人"乾隆皇帝"，几乎没有一个中国人不知道的。这样一来，既节省了教育成本，又节省了时间成本。

你可能会说："蒋老师，我似乎也能联想到我的品牌应该如何借认知了，但是借认知很难吧？我们需要克服哪些困难？"是的，借认知确实很难。在实际操作过程中，我们需要带领品牌成功地突破两大难关。

借认知，要过两大难关

品牌借认知势，需要过两大难关。

1. 公共有认知

- 公众没有认知，就毫无价值。
- 代表积极向上的力量或生活方式。
- 能产生美好的联想。

在这个阶段，我们往往面临着一个大挑战：好的公共认知，大多已被抢占。

2. 发生强关联

- 一听就认定。
- 巧妙地绑定。
- 唯一的联想（一对一联想）。

当认知需要与品牌发生强关联时，我们同样需要挑战：找到两者之间的契合点。

借认知是一件具有挑战性的事。在现实中，我们看到很多企业并不具备这样的战略高度，也没有"借"的意识和手段，而是停留在创造一个认知并教育用户的阶段。

中小企业都在如何建品牌认知

99%的企业在试图教育用户。

下面这个案例，你们能联想到它属于哪个行业吗？你能猜到它的产品具备哪些功能价值吗？

📄⭐ **案例：冬虫源液如何借"冬虫夏草"公众大认知成为高价值饮品**

如果我没猜错，你现在可能是一头雾

水，完全摸不着头脑。这个品牌的名字叫作"米格阳光"，这种植物叫作"珠芽蓼"，它们就像两个世界的事物，完全不相关、没有交集。但大多数品牌不都是这样吗？他们试图通过两个完全没有关联的事物，强行捆绑，强行嫁接，希望用户能够强行记住他们的品牌。在这个信息爆炸的时代，用户不会给你太多时间，如果在一秒内你没有抓住他们的注意力，你就可能永远失去他们。

因此，我坚信：试图通过教育来建立品牌认知这条路，是行不通的。

中小企业应该怎样建认知

无须教育，一听决策。

好的认知，不需要高密度的广告轰炸，也不需要花费大量费用和精力去长时间培养用户。说实话，你也培养不出来。因为用户不会给你这个机会。如果用户在一秒内没有被你吸引，那么他们就注定不会成为你的用户。

我们回到"米格阳光"这个案例。经过研究，我们惊奇地发现"珠芽蓼"这种植物的根部，竟然是冬虫幼虫时期的食物。养育冬虫的成长，它成为冬虫最重要的营养来源。这无疑隐藏着一个巨大而未被开发的品牌价值——毫无争议，冬虫夏草是极其珍贵的，一两黄金一棵草。我们虽然不卖冬虫夏草，但我们在售卖与冬虫夏草具有同等认知价值的营养之源——冬虫的生命之源。于是，我们将"米格阳光"升级为"米格阳光·冬虫源液"，借助"冬虫夏草"的高价值市场认知，十倍提升品牌价值，一下子就化腐朽为神奇。

各位想必也很想知道，究竟借什么才能让品牌的价值最大化？让收效最大化？

借冬虫夏草大认知，构建品牌名

借认知势方法论

国牌智造在品牌借认知势方法论上投入了20年的心血，也取得了显著的市场成效。这套针对品牌认知系统的总结可以归纳为"认知三借"：

借品牌名、借品类名、借广告语。

一、借品牌名

一个好品牌，始于一个好名字。借品牌名，应该从何着手？从何切入？借品牌名，可以从三个角度切入：

第一，借高标准：借一个在用户心中代表高标准、高地位、高价值的名字。

"泸州老窖"升级为"国窖1573"，国字号的加持让品牌的高度瞬间提升了十倍，甚至百倍。

第二，借年轻化：能否给品牌借一个年轻化的名字。

从"统一企业"的传统、成熟形象，到"小茗同学"的青春洋溢、阳光松弛，一下子拉近了与用户的心理距离。

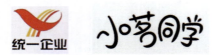

第三，借数字化：将难以表达的功能，以数字化的方式表达。

"55°"杯，将水的温度转化为感官联想；"六个核桃"将核桃的含量转化为饮品的补脑功能联想。

借来一个好名字就够了吗？当然是不够的！品牌的终极战争，本质上就是品类的战争。因此，一个具有十倍认知的品类名，是打赢品牌战的绝对利器！

二、借品类名

借品类名可以从以下三个方向入手：

第一，借升维：借一个更好、更高、更强的品类。

从普通的原味麦片，到"王饱饱"水果麦片，甚至坚果麦片，这是更高阶、更精细的品类升级。

原味麦片　　　　　　　　　　水果麦片

第二，借迭代：借一个更新、更先进、更强大的品类。

从"胶卷相机"到"数码相机"，再到"手机相机"，显然是通过品类迭代，更具有时代适应性，在迭代中，普及的人群更广。

胶卷相机　　　　　数码相机　　　　　手机相机

第三，借趋势：借一个代表未来、代表即将流行、代表更大市场的品类。

从传统的"燃油汽车"到新能源的"电动汽车"，电动汽车更代表未来科技的发展趋势。

燃油车　　　　　　　　　　　　　　　电动车

借了好品牌名、好品类名之后，接下来需要给用户一个选择你、购买你的理由，这就需要一句能产生十倍决策力的广告语。

三、借广告语

借广告语也可以通过三个核心方法论来实现。

第一，借因果关系：因为有病，我有解药。

"壹号土猪"的广告语利用了因果关系："因为我狠土，所以我狠香。"既然叫土猪，就要想方设法把"土"做到极致，让它成为用户选择你、购买你的理由。

第二，借痛点：扎心的，一听就想买的。

- 魔力挺——抓住痛点：挺拔曼妙的身材——广告语："一穿就挺，越穿越挺"。
- 三秒极热——抓住痛点：快速隔绝寒冷，快速保暖——广告语："3秒即热"。

- 钱大妈——抓住痛点：抓住介意隔夜肉的群体——广告语："不卖隔夜肉"。

锁定用户痛点，就是解决用户问题。因此，广告语传达的是品牌的解决方案，是一个非买不可的理由！

第三，借排他性：买我，不买他的理由。

"不用大理石，就用简一大理石瓷砖"巧妙地将"简一等同于大理石"，玩的是一种替换概念的游戏，轻松地将简一替换成"大理石"同等价值的认知。传达了一个唯我独有、不可替代的购买理由。

"认知三借"的方法论，常被企业家戏称为"蒋门三借"。我们很多客户从无名无姓的路人甲品牌，做到行业细分市场的第一名，这期间离不开"认知三借"的加持。

下面，我们通过一个案例，来沉浸式地还原借认知势方法论的运用。

📑 案例拆解：鲁班制床如何借"木匠祖师"大认知一跃成为中国木制床第一品牌

2019年，我在时代华商上课。课间，一位年轻但显得有些焦急的姑娘向我提出了一个问题："蒋老师，我们企业做的是传统的实木床行业。从我父亲创业开始，已经做了三十多年，一直都是批发式的经营模式。我接手后很想改变这种局面，拥有自己真正的大品牌。老师能不能现场给我指点一二？"

我看着这位年轻的姑娘，对她说："家居业是一个内卷严重的行业。如果品牌无法脱颖而出，想要做成百年企业，成为行业老大，仅仅做批发是不可能的，必须做品牌才行。"

她急忙解释道："我们已经做了三十多年。品牌在行业内很受认可，老用户也不少，产品的口碑也还不错。"

我点了点头，示意姑娘坐下。然后我做了一个动作，我说："刚才这位同学提出的问题大家都听到了吧？我们让这位同学把她的品牌名写出来，大家一起来看看，现场论证以下两个问题：第一，你们是否认识这个品牌；第二，仅通过品牌名，看谁能关联到她所做的行业。"

当姑娘把品牌名"金港亿"写到白板上时，底下开始窃窃私语，交头接耳。我当下提问了几位同学——果不其然，几乎所有人都没听过这个品牌；更戏剧性的是，很多人认为这个品牌是做金融的或做物流的……现实就是最好的教育。现场的反应给了她很大的触动，姑娘也从根本上认识到："原来两辈人干了三十多年，我们做的根本不是品牌。"下课后，她找到我，请我一定要帮他们重构品牌。

当我兴致勃勃地带着团队去家具批发市场做调研时，我们发现这个行业极度内卷，家具批发商不是几十几百家，而是几千家在竞争。我转念一想：如果能助力做批发的企业成功转型做品牌，岂不是更有意义？因为大多数中国企业都是从做批发起家的。就这样，这个项目如期启动。

接下来，我们一起来看看金港亿如何通过"认知三借"的方法论一战成名的！（为了案例的完整性，其中还介绍了借产品势、借图腾势、借营销势。）

一、借认知势

（一）借品牌名

一个好品牌的命运往往从一个好名字开始。

很显然，"金港亿"既不能代表家居行业的最高标准，又不具备行业的识别性，更不具有被首选、被重新选择的绝对优势。要从根源上彻底改变品牌的命运，就必须下定决心改名。

在对金港亿进行综合调研和分析之后，我们将品牌名的方向锁定在：借一个能代表千年文化的品牌名；借一个能代表行业领袖的品牌名；借一个无须教育就能被中国消费者认知的品牌名。

我们认为：这个品牌名想要在行业内创造奇迹，必须具备以下三重价值：

- 碾压所有床业品牌的格局境界。
- 唤醒千亿元级别床业的价值认知。
- 承接5000年中国床文化的无形资产。

这显然是极具挑战性的。没关系，我和我的团队就喜欢做具有挑战性的事。纵观整个实木床行业，我们发现：整个行业叫得上来的品牌名，几乎没有。

能代表实木床行业高标准的名字，还虚位以待。要建立一个高标准，可能需要百年，而借一个高标准，则可以"无须思考，拿来即用"。

你们认为在实木床这个行业，在公众所熟悉、无须教育的认知里，谁才是最高标准的代表？基于对"床"这款在人类生活中具有极重要地位的家具的深入研究，我们发现中国人对床的依赖、情愫、期望可以追溯到5000年的文明史。

在泱泱中华5000年的历史中，有一个人，他发明了所有木作的工具；发明了木工技艺并流传千年；他将吉凶数字巧妙地融入家具和建筑；他被所有人尊为木匠行业的祖师爷，他就是中国木作的鼻祖——鲁班。我们认为，不妨把"鲁班"的名号借来一用。

那么，如何让品牌与"鲁班"发生强关联？结合企业拥有三十多年的木匠制作积累，以及底蕴深厚、精工细作的实木床文化，秉承了中国传统木作的匠心精神，我们正式将品牌更名为"鲁班制床"。

（二）借品类名

在你们的认知里，"床"这类家具，在选购一张床的时候，你们更看重什么？

经过对目标用户的研究分析后，我们发现在中国买床是一件大事。中国人对床有一份独有的"浪漫"——一张好床最核心的价值，不是耐用、不是好看，而是幸福、吉祥、安康、美好的情感期盼和寄托。

因此，我们决定借"用户情感"的升维，直击用户心坎最深处的期望，将品类命名为"吉床"。

有了具有十倍认知的品牌名，有了能促使十倍行动的品类名，我们还需要一句广告语，给用户在选购的过程中，再添一把火。

（三）借广告语

什么样的广告语，能让品牌进入用户的首选？成为用户的刚需？毫无疑问，就是用户的"痛点"。精准拿捏痛点，就是精准拿捏用户首选的密码。痛点=需求点。

对于买床的用户来说，床不等同于其他任何家具。在购买行动之下，其实隐藏着更深层次的心理需求。

心理需求：希望有一张好床，承载着幸福、安康、吉祥、美好。

因此，用户内心深处的期望和憧憬，我们通过广告语让它显化：鲁班制床，幸福好床！

就这样，金港亿，完整完成了"认知三借"的华丽变身，成为"鲁班制床"。好品牌是知行合一的，因此我们通过十倍放大产品价值，让鲁班制床的匠心精神得以在产品上极致体现。

二、借产品势

（一）借工艺

既然我们借的是木匠鼻祖的名字，当然少不了最具木匠代表性的工艺——榫卯结构。于是，鲁班制床实实在在地将产品的工艺全部更新为榫卯结构，成就了中国榫卯结构实木床的第一品牌。

（二）借数字

"吉床"，实实在在地将"吉祥"落实到产品上——每一张床的结构、尺寸，都对应鲁班尺上的吉祥数字，将"吉祥文化"贯彻到底。

鲁班制床将**吉祥数字**融入产品  将 对 手 排 除 在 选 择 之 外

在品牌形象、超级符号和超级视觉方面，我们也极力为品牌彻底改头换面。

三、借图腾势

将"鲁班"以萌大叔的形象，打造成品牌的超级大IP，作为品牌的超级图腾。形象一经推出，"鲁班制床"便赢得了市场的广泛好评！我想，鲁班爷怎么也想不到，在5000年后的今天，会以这样的形象重新赢得后代子孙的敬仰和崇拜。

结合鲁班尺、木匠工作的特点，在文化符号、辅助图形上进行视觉延伸。

鲁班制床
TINY THINGS, AFTER
ACCUMULATION, BECOME SIGNIFICANT

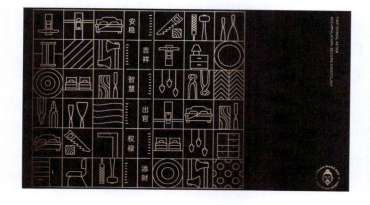

不仅将鲁班、木匠文化运用得淋漓尽致，还将"实木床"与产品基调进行了深度结合。

前面所做的一切努力，都在塑造品牌的超级资产。最终，这一切还需要通过营销来实现品牌的引爆。

四、借营销势

当我们带着品牌一炮而红的期待，开始谋划为品牌营销策划一场超级展会时，疫情来了。幸运的是，我们最终还是克服了重重困难，并且让"鲁班制床"成为此次展会中家居行业最璀璨的那颗星。那么，鲁班制床是如何通过借一场超级展会引爆行业的呢？

（一）借超级展会

在疫情最严重的2021年，东莞的家居展会一推再推，最后实在无法再推迟，展会在非常仓促的准备下举行了。对于鲁班制床来说，这是第一次参展。

由于是特殊时期，展会一开始很冷清，整个会场稀稀拉拉的，主办方也感到很尴尬。但是，品牌既然来参展了，我们还是抱着一定要拿到结果的信心。品牌的展厅整体装修完毕后，以全新的品牌面貌与诸多强势的同行业一起亮相。虽然展会时间仅三天，但鲁班制床的展厅却成了全场最火爆的展厅，围观人员络绎不绝，现场接待的工作人员从早到晚一波接一波地迎来送往。

"鲁班制床"品牌名天然成了营销噱头，成了全场最具有话题感、最具有行业高度的代表。很多人好奇它为什么可以叫"鲁班制床"，是木匠祖师爷鲁班的后代传承人吗？千万个问号也驱使着有实力的经销商纷纷进场。

这场展会虽然短短三天，却让鲁班制床品牌获得了200多家招商加盟门店。

鲁班制床在展会上大放异彩，开拓了全新的市场局面。我们紧锣密鼓地安排了一场超级订货会，试图在市场整体不看好的疫情时期，逆风翻

盘，实现增长。

（二）借超级订货会

疫情期间，大家的日子都不好过。鲁班制床所在的家居行业也面临着同样的困境。2022年，鲁班制床正在筹备一场年度订货会，好在这一次，对不可控因素有了预案。短短三天时间，不仅完成了全年的业绩目标，还实现了大幅度增长。这在疫情期间几乎是奇迹，在市场整体低迷、暗淡的态势下，鲁班制床凭借强大的品牌认知势能，成为市场爆红的新宠，成为用户十倍决策的首选。

现在，我们来复盘一下，从"金港亿"到"鲁班制床"，借势建立强认知，最终获得了以下五大改变：

- 终端门店的改变：经营终端从小档口到独栋的旗舰店。

- 经营模式的改变：从经营散货批发的模式到品牌加盟专营店的模式。

- 品牌地位的改变：从一个家具批发品牌到中国实木床领导品牌。

- 掌舵人的改变：从上一代的保守经营到敢想敢干的小莫总成功接棒。

- 生产基地的改变：从最早的作坊式工厂到湖南桂阳大型工业园，现已拥有4000个品牌合作商，300家专卖店，产值2亿元，工业园60万平方米。

案例总结：

　　鲁班制床一路走来，我们充分利用了"借认知势"方法论，以一个"集体大认知"——"鲁班"为支点，延伸整个认知系统，撬动品牌十亿价值，迈向百年品牌的目标。

　　我们领略了"借赛道势"的战略段位所带来的商业智慧；见识了"借认知势"的强大方法论所带来的品牌核能量。这些策略最终要转化为抵达用户手中的、实实在在的产品。产品该如何借势？为什么要借势？产品借势的超能量在哪里？

　　在下一章中，我们将带领大家一起探讨如何打造一个具有十倍价值的绝对爆品。

第四章

借产品势

放大十倍情绪

近年来，常听到许多中小企业老板抱怨，市场上的产品竞争异常激烈。即使各项指标都达到优质标准，在质量上、技术上做到极致，价格更是达到极致，往往也难逃三年甚至三个月的存活期。

在我看来，这个时代并不缺乏好产品，甚至可以说"好产品已经过剩"。但为什么好产品叫好不叫座呢？为什么好产品没有好市场呢？其根本原因，不在产品属性上，而是——消费市场正在发生着前所未有的变化。

那么，能在这个时代存活下来、卖得火爆的好产品，究竟是怎样的产品呢？

什么是好产品

引爆情绪才是好产品。

- 自带情绪价值。
- 激发用户购买欲望。
- 无须理性思考。

没错。好产品已不仅限于产品的物理层面，而是自带情绪功能，叠加了情绪价值，能激发用户强烈的购买欲望，实现不推而销，使用户无须理性权衡、思考，就能做出购买决策，这样的产品才能称为好产品。

这听起来似乎非常苛刻，但这就是新消费时代正在发生的现象。

可能有人会说："我的产品也好，功能全、质量佳，而且价格不贵，这也能促进冲动消费啊！"不不不！朋友，你还没真正理解我所说的好产品的概念。

什么不是好产品

拼价格/性价比/卖功能。

能引爆情绪的产品，实际上已经超越了产品的范畴，跳出了制作产品的原始思维。不再是：你质量好，我比你更好；不再是：你价格低，我比你更低；不再是：你功能强大、高科技，我比你做得更先进……这些都是产品思维。因此，仅仅停留在比拼价格、性价比、卖功能，都不能算是真正适合当今市场并能活得很好的好产品。

为什么好产品要引爆情绪

1. 产品同质化

这个时代的产品，99.99%几乎都同质化了。功能同质化，质量同质化，价格同质化。几乎所有产品都失去了硬性的竞争力；而赋予产品情绪价值，使产品人格化、情绪化，无异于为产品塑造一个永不过时的核心软实力。

2. 超越产品价值

赋予产品情绪价值，是超越产品本身物理价值的一次升维动作，这是必须做的。

3. 规避价格战

为性价比而买单的时代已经一去不复返，价格战也不再有效。因此，情绪价值才是撩拨营销的真正撒手锏。

案例

一双鞋，如果只是鞋，即使它是一双有科技含量的功能鞋，质量再好，价格再低，也很快会被抄袭，甚至被超越。而打上品牌LOGO，为什么会给用户不同的感觉？耐克传递的是一种"大胆做梦，并为你的目标付出行动"的积极向上的情绪；而李宁则呼吁一种坚忍不拔、勇往直前的中国精神。

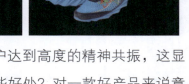

用情绪激活产品的精神内核，使其与用户达到高度的精神共振，这显然是很有必要的！那么，引爆情绪到底有哪些好处？对一款好产品来说意味着什么？

引爆情绪好在哪

引爆情绪是全新的消费趋势，顺应时代潮流，能最大程度满足年轻一代消费群强烈的情绪需求。引爆情绪有以下三大好处：

1. 自带流量，好产品自带吸引力

好产品引爆情绪的第一层核心价值，在于它一出生就自带一种致命吸引力，让用户一见到就喜欢，一喜欢就买单，甚至疯狂复购，疯狂种草。这种巨大的流量是你想不要都不行的。

2. 自动引流，好产品能引发共鸣

好产品引爆情绪的第二层核心价值，在于它不仅仅是产品本身，更在于它自带不推而销的功能。它触动了用户的某个情绪痛点，满足了用户的某个情绪需求；能引发某个群体的情感共鸣；不仅有产品属性，更是成为满足情绪的刚需品。

3. 自行传播，好产品能引发跟风购买

好产品能引爆情绪的第三层核心价值，在于它不仅被买过它、用过它、吃过它、体验过它的用户所喜爱和痴迷，更在于它带来的热搜传播能瞬间在线上、线下成为新的潮流标杆，引发跟风购买。

案例：占星咖啡馆

例如咖啡这种产品，如今满大街的咖啡店层出不穷，外来的、本土的品牌也琳琅满目。要想在这个几乎杀红了眼的红海市场做咖啡，谈何容易。

但有一家咖啡馆，就另辟蹊径。它做咖啡不仅仅是做产地、做咖啡师资质；它在咖啡上叠加了一个有趣的互动"占星"。你是什么星座，你的星运走势如何，经过一番简单的测试，用户会得到一杯能催旺其运势、疗愈其心情的咖啡。这杯咖啡喝起来的味道绝对不一样，许多用户因为这一互动成为每周必来，甚至每日签到的忠实粉丝。

不引爆情绪后果会怎样

我经常强调产品要做到每一款都能点燃情绪、引爆情绪，有些还没有理解到真正本质的企业家学员，就会带着疑问，认为即使不引爆用户情绪，继续做好自己的产品，那又如何呢？他也有自己的核心竞争力，也有成熟的市场和经销商。

这就是典型的纯产品思维，这种思维在过去几十年的中国得到了迅猛的发展，也催生了很多具有行业代表性的品牌。我们不能说这种思维是错的，但我可以肯定地告诉你们，时代在发展，用户在迭代，消费需求也随之发生了根本性的改变，如果继续停留在产品思维，不在情绪营销的维度上，不把产品情绪化当成一件严肃的事，那是极其危险的！为什么呢？

因为不引爆情绪做产品，基本逃不开下面三个后果：

1. 卷价格

产品没有情绪，就是单纯的产品。唯一与同行竞争的打法，无非是打价格战。对手降价，你也降价；今天他降10元，明天你降15元，越降越狠，到最后发现一年白忙活了，甚至还负债。

2. 没利润

降价带来的最直接后果，就是没利润，不挣钱，甚至连成本都很难支付。经营陷入死循环——降价没利润，不降价没生意。

3. 难生存

无论是只做产品，还是要做品牌，单纯的产品思维，在各行各业都竞争激烈的状态下，生存是岌岌可危的。

不做引爆情绪的产品，后果让很多人不敢想象，那么要做一款能引爆情绪的好产品难不难？当然，这是一件不容易的事。

引爆情绪难在哪

在近20年的实战经历中，我们对引爆情绪遇到的难题和挑战做了总结。主要有两大难点。

一、难在：找到情绪

- 不懂情绪原理。

- 不会抓取情绪。
- 不知放大情绪。

我们通过一个案例来更好地理解。

⭐ 案例：毕生之研如何精准把握用户情绪引爆销量

首先，从品牌名称上我们可以直观感觉到品牌的专
业度——倾注毕生研究之所有，通过科学、专业度传递
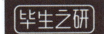
"值得信任"的情绪。这无疑是在找准了目标用户隐藏对护肤品安全感、信任度缺失的消费情绪痛点，第一招就用品牌名称拿捏了消费情绪。

其次，毕生之研透明公开地在产品及天猫官方旗舰店的宝贝详情页内，明确标注了产品的功效、有效成分的纯度和浓度，甚至将产品包含的活性成分、拒绝添加成分直接用表格的形式一一罗列出来。事实上，目前在国内类似像毕生之研这种主打"成分"的护肤品牌并不少见，但绝大部分都没有标注原料成分的含量。而毕生之研在确保安全性、肌肤可吸收度的同时，会尽可能在配方中使用高浓度的原料成分。例如，玻尿酸肌底原液主要成分为玻尿酸，同类产品浓度是0.1%~0.6%，而毕生之研浓度可达到2%，是同类产品的20倍以上。

数据一罗列出来，用户就震惊了：原来我以前一直在交智商税！原来有效成分的浓度、含量、纯度以及安全性是有差距的。没有对比就没有伤害。"以前'成分'隐藏在产品背后，一旦变成对外宣传的卖点，'成分'其实就变成了产品。这就导致很多用户糊里糊涂花了很多冤枉钱。"

这是毕生之研创始人张闻卿接受采访时的原话。

精准拿捏"每个女人都曾经历真金白银打水漂"这种痛心疾首的情绪，无疑是给了用户重新做选择的机会。

二、难在：注入情绪

- 产品与情绪关联。
- 精准表达情绪。
- 想得到，做不到。

同样地，我们还是用一个案例来说明其中的原理。

案例：气味图书馆

在气味图书馆，你可以找到一切你想得到和想不到的气味。它第一个为产品注入的情绪叫作"好奇心"；每个用户几乎都可以在这里猎奇世界上最稀有、最奇葩的气味。另外，它将生活的点点滴滴都气味化了。所以它的产品不仅仅是物理层面的气味产品，更是用气味唤起生活中的某种情愫。例如，它注入了怀旧的情绪——凉白开。它的灵感来源于许多中国家庭都有过用铝壶烧开水的情景，凉白开是许多中国人夏天里的记忆之一；2017年底凉白开系列诞生以后，气味图书馆开始爆火，这款独特的香型很快受到中国年轻消费者的热捧，在2017年创下单月最高销量40万瓶、全年累计销量超过100万瓶的纪录。除此以外，气味图书馆还陆续推出了非常具有中国特色气味的系列产品，如大白兔、姜丝可乐、绿茶等。

你看，精准找到情绪，不仅要懂得情绪的原理、抓取精确的情绪，并放大情绪；更要为产品注入情绪，让情绪通过产品感染用户，促使消费行为的发生，并自发引爆营销。所以，引爆情绪实在是太难了。

尽管引爆情绪这件事有难度，但对于想做好市场、想做好产品、做好品牌的中小企业家，却是不可不去直面的一个问题。

为什么引爆情绪这件事，能做到的企业寥寥无几？为什么你们做不到？

为什么你的产品不能引爆情绪

很多企业主费劲巴拉地做产品，力求精益求精，力求技术先进、质量卓越，甚至压缩利润以提高性价比。但为什么产品只是产品，不能一上架就被疯抢？不能一上市就爆卖？

因为你们：

99%都是工业品思维。

所谓工业品思维，是指企业只聚焦在做好功能、技术、价格、品质等层面，而忽视了产品在心理价值、情绪价值上对用户的满足。这种工业品思维模式，在情绪消费时代必然难以赢得用户的青睐。

我们用一个案例来进一步理解这个观点。

☆ 案例：德莊火锅忽略情绪，造成关店潮

重庆德莊火锅，是一个典型的只用工业品思维做产品的火锅品牌。它的功能定位是毫无争议的：重庆火锅；核心技术是：正宗的麻辣口味；价格是平民化的平价定位；品质在火锅市场中算得上较为优质。但除此之外，德莊还有哪些明显让用户记住

它，被它所吸引的吗？

答案是：没有！

所以，德莊毫不意外地陷入市场的内卷，开始卷价格、卷成本、卷利润。在竞争激烈，大家都拼了命想要做出特色、做出附加值的餐饮服务业，德莊的用户越来越少，利润越来越低，而门店关闭的数量却越来越多。

你说它也没做错什么事，为什么会面临关店潮？面临用户严重流失？

其实，这个时代已经不缺好的、优质的产品；不缺低价平价；更不缺好的质量和技术优势。

那这个时代的消费市场，最缺的是什么呢？

今天的竞争，已经悄然间升维了。用户缺的恰恰不是物理层面、功能层面、物质层面的满足，而是情感层面、情绪层面、感受层面的满足。因此，今天的产品打造，一定是要洞察到用户的四大情绪缺位：

- 缺被关注。
- 缺被认可。
- 缺带情感。
- 缺懂他、爱他。

唯有引爆情绪，让产品自带情绪，才能将产品的价值放大，产品自带十倍营销力。

我们还是继续用火锅来举例子。

前面的德莊火锅之所以落得被市场淘汰的境地，不是它不重视产品，而是它忽略了如何用产品煽动用户情绪，激活营销爆点。为什么这么说呢？我们来看另一个案例：怂重庆火锅厂。

案例：怂重庆火锅厂借"怂情绪"和年轻人交朋友，成为社交减压场

和德庄的功能、技术、价格、品质基本相似，怂重庆火锅厂也是一家重庆麻辣火锅，但它又不仅仅是一家单纯的餐饮火锅店。首先，该火锅厂利用年轻人的语言标签，以认"怂"的姿态和年轻人交朋友。奉行着"好吃、好看、好玩"的开店宗旨，该火锅厂不仅是一家火锅店，更是一间开心制造厂。吃一顿火锅，还能近距离看一次舞台秀；吃一顿火锅，顺便蹦一蹦迪；吃一顿火锅，收获三五个同频的朋友；该火锅厂，就是让用户主打一个快乐。

这样的怂重庆火锅厂，活生生成了年轻人的夜场、嗨场、社交场，更是内卷严重、极度快节奏的年轻人的减压场。

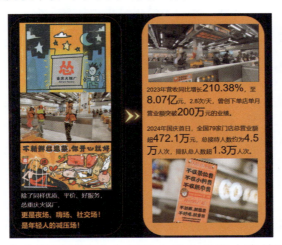

以上案例，充分说明消费方向标正在发生前所未有的改变，新的消费品时代，不再是只做好功能技术、质量、性价比就够了！新消费品时代，一定是：

情绪价值为王。

所有的产品，都值得用情绪再做一遍。

如何引爆情绪

工业品+（借）情绪=疗愈品

当工业品思维借助情绪的支点时，就能成为撬动用户情绪消费的方式。我们为什么这么自信？因为人性！

因为人们不会再仅仅因为一件只有物理属性的产品而冲动买单；所有能刺激用户激情买单的，唯有能疗愈他心理上的情绪。他不是为你的产品买单，而是为自己的情绪买单。

什么是疗愈品

在多年的实操经验中，我们总结出疗愈品的四大功能：

1. 安抚情绪

用户在购买产品、拿到产品的同时，他的某种情绪得到了有效的安抚。

2. 满足情绪

用户在购买产品、拿到产品的同时，他的某种情绪缺位得到了前所未有的满足。

3. 宣泄情绪

用户在购买产品、拿到产品的同时，他的某种负面、不愉快的情绪有了宣泄和释放的出口。

4. 疗愈情绪

用户在购买产品、拿到产品的同时，他的某种创伤的情绪或状态，获得了极大的疗愈。

为什么要做疗愈品

在来上课的同学中，有同学就会提出自己的疑问："疗愈品？听起来不像产品思维，为什么要这么做呢？不是很理解。"

好的，今天，我就更直接一点告诉你们，其实我相信我一说出来，你们也会有同感——因为这个时代：

大家都有病。

大家都有一个通病——极其内卷、极度疲劳。在这样的生活节奏下，人们的精神生活可以说是极度荒芜、极度贫瘠的。每天除了碎银几两，从早到晚奔波劳苦。各种复杂的人际关系、工作压力、生活难题……很现实，每个人都不得不去面对。

恐惧！焦虑！愤怒！狂躁！成了这个社会的主旋律！很多人不堪重负，选择自暴自弃；很多人无法承受，选择告别这个世界。有人说，能在这个时代活下来的，都是幸存者。

因为深深地理解生活，深深地理解人性，我认为，做疗愈品，不仅是品牌的出路，更是时代的救赎！

洞察到社会的根源，时代的痛点，是碾压式竞争系统"借产品势"的核心主张：

既有病，就得治。

因此，能安抚情绪、能满足情绪、能宣泄情绪、能疗愈情绪的产品，就是：

情绪爆品。

情绪爆品方法论

- 挖掘情绪，寻找十倍情绪。
- 注入情绪，放大十倍情绪。
- 打磨情绪，萃取十倍情绪。
- 营销情绪，生发十倍情绪。
- 引爆情绪，赢得十倍情绪。
- 升维情绪，**构建十倍增长。**

下面，我们将通过一个具体案例，沉浸式学习情绪爆品方法论。

☆ 案例拆解：诗碧曼借"恐老"情绪行销全球，开店超2300家

一、品牌背景

朱建霞，原是深圳大学分子系的一位老师。退休以后，朱建霞开始了她的第一次创业。

和所有女性一样，心态年轻、爱美的朱建霞，选择了进入美业赛道，开始了她做护肤品的事业。她创立了一个品牌"深大玉妹"。是的，不出意外，这个看起来平平无奇的品牌，在经历了五六年后，终于在激烈的美业竞争中，由于极致内卷，面临经营困境。

二、竞争环境

深大玉妹，在国际大牌、国内一线品牌各自铆足了劲的厮杀中，作为一个新创品牌毫不意外地被席卷、被碾压。由于自身的核心竞争力不明显，又面临着竞争形势的异常严峻，深大玉妹一时间面临经营困境，难以突破，找不到方向。

痛定思痛，朱建霞想从根源上找问题。她发现本质上是赛道出了问题。要想活下去，必须改思维，换赛道，寻找新的市场机会。

选赛道，从选品开始。

我们认为，选赛道必须着重思考三个问题：

- 什么样的产品会成为未来的刚需品？
- 什么样的产品符合时代发展的消费趋势？
- 什么样的产品不仅限于产品功能，更能带给用户十倍的情绪价值？

三、市场洞察

在进入新赛道之前，我们对未来可能出现高增长、发展态势良好的市场进行了研究分析。我们发现了以下数字：

- 全球65岁以上的老龄人口已超过7.8亿人。
- 全国65岁以上的老龄人口高达2.2亿人。
- 早在2019年，全国白发有登记的人口就超过3亿人。
- 少年白的发生率高达45.15%。
- 脱发白发行业市场规模有望达到千亿元级别。

我们仿佛看到了：银发市场，是一条朝阳赛道，是一条具有十倍增长趋势、十倍增长潜力的全新赛道。

为更明确"银发市场"这条赛道的可行性，我们导入国牌智造"借产品势"核心系统——情绪爆品方法论，进一步探究"银发市场"背后的消费情绪。

（一）挖掘情绪

深入研究后，我们发现，银发市场的崛起，背后隐藏着全人类几乎共有的一种情绪，他们在怕什么呢？以下几组数据非常直观：

- 中国关注抗衰的年龄26~35岁占比53.2%。
- 20~30岁开始抗衰的占比59.2%。
- 对白发脱发感到焦虑的占比38.5%。
- 认为自己已经衰老的年龄递增，40岁占比58%。

是的，在时代压力下，人们普遍滋生了一种公有的集体焦虑，这种焦虑情绪越来越年轻化，甚至正在影响人们的生活方式。这种情绪就是：恐老焦虑。

恐老焦虑

除了恐老，还有别的吗？科技这么发达，各行各业的抗衰老市场也已经成熟，大家都去购买相应的产品和服务就好了，还有哪些痛点是我们没有发现的？

于是，我们对目标用户又进行了深挖！我们又发现了另一组可怕的数据：

哈佛大学曾进行一项关于个人使用永久染发剂与癌症风险关联的前瞻性研究。在这项研究中，共有11.7万名女性参与试验，并在36年的随访期间内，记录了新发实体癌症20805例、血液系统癌1121807例、基底细胞癌22560例、皮肤鳞状细胞癌2792例，以及4860名受试者死亡。这些数据背后代表的是一个个鲜活的生命!

这无疑让很多想要通过改善头发、变美变年轻的人望而生畏!

一种无形的恐惧已经弥漫很久,也深深地影响着想要通过染发、养发重新回归青春的人们,这种恐惧使得他们更谨慎,更小心翼翼。

他们想通过改善头发问题变得年轻,但另一种矛盾出现了,那就是对化学有毒成分的深深恐惧,甚至憎恨。过去几十年饱受化学产品侵害的消费者,已经不相信立竿见影的效果,反而生出排斥、恐惧、憎恨的心理。这个痛点,对诗碧曼来说,会是一个怎样的机会呢?

(二)注入情绪

我们面临的任务是:诗碧曼的情绪爆品必须直面用户群体的"恐老焦虑和憎恨化学"两大情绪,并且要通过产品和服务去疗愈用户的情绪。为此,企业在通过多方筹措,对产品的研发和多次论证之后,采用"产品两借"的方式,开发情绪爆品。

一借:借五千年中医古方

因为老祖宗的智慧是全体国人信得过的经得起时间验证的安全感。用古方疗愈用户的养发"安全感",让他们完全放心地使用产品,享受服务。

二借：以养代染

以养发代替传统染发，制定诗碧曼"白转黑"周期性管理养发方案。让用户在周期内一天天感受养出来的黑头发，一天天看见效果，看到变化，看到改善。从根源上疗愈用户的白发问题，同时更疗愈了恐老情绪。

（三）打磨情绪

仅有产品方向和产品概念当然是远远不够的。要真正让用户感受到诗碧曼带来的安全感和满足感，从产品的每一次打磨、输出都要一脉相承。

从药材到产地，从配方到药效，诗碧曼出品的每一款产品都主打让用户在整个护发周期拥有绝对的安全感和信任感，力求从根源改善发质，养出乌黑秀发。

除了注重每一个单品的打造，诗碧曼更遵循人体机能和黑发生长的自然规律，以科学方式规划养发管理周期，通过"6个1"的养发程序，让每一位走进门店的用户在一次次体验服务的过程中发现惊喜，见证奇迹。

1测：头皮检测

1按：头皮按摩

1刮：头皮刮痧

1护：头皮营养护理液

1养：养发精华

1周期：**周期管理**

通过严谨、科学的操作步骤，让用户体验从头发疗愈到情绪上的疗愈；在被安抚、被舒缓的愉悦情绪下感受"白转黑"的奇迹。

（四）营销情绪

每一款产品都自带情绪营销；而用户的情绪，也在产品里找到了共鸣，实现了疗愈。

　　除了产品上自带情绪，诗碧曼的门店也是情绪门店。所有来到门店的用户，都带着返老还童、青春再来的美好期望；而诗碧曼的使命就是：让每一位满头白发进门的用户，都顶着一头乌黑出门。

◆ "白转黑"养发周期管理

从检测、按摩、刮痧、养护……
白头发慢慢少了，黑头发慢慢多了，
从稀疏，到浓密，
从试一试，到100%信任！
只需要一个养护周期。

◆ "白转黑"养发周期管理

用户把"头等大事"托付给我们，
来一次，见效一次。
他们看到欣喜，
我们见证奇迹。

（五）引爆情绪

短短几年，诗碧曼的情绪爆品和情绪门店就在行业内掀起轩然大波，被业界同行所膜拜、推崇！同时，网络上也引起了热议，常常霸占各大主流商业媒体的头条。

诗碧曼® 红遍全网，引爆全网情绪
Sipimo

很快，诗碧曼的商业版图遍及全国，乃至全球！在全球十几个国家与地区，开设超2000家门店！

1. 中国

诗碧曼在全国开设的专柜与门店已超2000家，其中深圳、上海超过150家，广东超过350家，北京超过100家，覆盖了全国所有的省、市、自治区和直辖市。

2. 国际

自开放加盟以来，诗碧曼已成功进驻了美国、俄罗斯、新加坡、加拿大、澳大利亚等数十个国家，持续发力海外市场。

（六）升维情绪

2024年诗碧曼有计划地开展以"情绪爆品"为基本点，布局"头皮健康产业"。诗碧曼养发情绪爆品，将随着整个产业链的打造，得到战略性的升维。

诗碧曼头皮健康产业高速发展

四、项目总结

诗碧曼借势打造情绪爆品，企业和品牌从四个方面发生了根本性的改变：

- 赛道：从极致内卷的美业赛道，成功换道至具有十倍增长趋势的银发市场。

- 产品：从价格低廉、利润微薄，升级到超万元的"白养黑周期护理"方案。

- 价值：从仅有产品的物理功能，升维到能安抚用户恐老情绪的疗愈品、能给予用户安全感的满足品。

- 营销：突破发展瓶颈，全国加盟店超2000家，行销全球数十个国家和地区。

新消费品时代，情绪价值为王。

唯有深入精准地洞察到消费情绪的需求，才能打造十倍价值的情绪爆品，才能在营销中引爆十倍情绪，才能让你的产品在今天这个极致激烈的市场中脱颖而出，卖火！卖爆！

借产品势的内容，就告一段落了。

下一章，我们一起探讨如何"借图腾势"。

借图腾势

赢得十倍崇拜

亲爱的朋友们，你们有没有发现，当我们走在商场或步行街时，一个被咬了一口的苹果、一个切成八片的西瓜、一个大大的钩、一个金黄色的"M"字母、一个杯子和一只蓝色的小鹿、一个墨绿色的圆灯箱上的一条美人鱼，这些图形闯入了我们的眼球，令人印象深刻，过目不忘。而我们常常对这些图形下的英文字母视而不见，毫不在意。这个抢眼球、形成符号记忆的现象，我们称之为品牌图腾。

什么是图腾

每个民族都有自己的图腾崇拜，如美国的老鹰、俄罗斯的灰熊、中国的龙，这些都是民族崇拜的图腾。同样，每个国家也都有自己的图腾符号，如美国的星条旗、英国的米字旗、中国的五星红旗，它们都代表着国家的集体精神，并演化成了图腾符号。

每个宗教也都有自己的图腾信仰，如基督教的十字架、道教的太极图、佛教的万字符等。

| 基督教 | 道教 | 佛教 | 伊斯兰教 |

每个品牌也都有自己的专属图腾，如奔驰的方向盘图形、中国银行的古代铜钱图形、天猫的猫图形、京东的狗图形、苏宁的狮子图形、香奈儿的双C图形、古驰的双G图形、劳力士的皇冠图形等。

如果奔驰只有"Mercedes-Benz"、耐克只有"Nike"、星巴克只有"Starbucks"、麦当劳只有"McDonald's",试想一下,一旦这些品牌失去了它们的图腾符号,后果会怎样?

什么是超级图腾

品牌仅仅拥有一个识别图形是远远不够的!要成为一个被人崇拜的品牌,必须拥有超级图腾。我认为超级图腾能够带来:

十倍崇拜。

一个好的超级图腾,要能够赢得用户十倍的迷恋,让用户一见到你的超级图腾就一见钟情,然后从迷恋变成十倍的信仰。一旦品牌推出新品,用户不问价格、不问功能,就会盲目地购买,甚至十倍地追随。品牌的最高境界是达到宗教级的崇拜。曾经有一位台湾的消费者,他将自己近50年来收集的可口可乐各个时期的瓶子、瓶贴、瓶盖、广告、海报、纪念品等,在台北开设了一家"可口可乐主题咖啡馆",其收藏甚至比可口可乐公司自己的还要齐全。可以说,这位消费者就是可口可乐的超级粉丝,而可口可乐正是通过其超级图腾征服了他的心。

很多企业家朋友对超级图腾有一个认知误区，我必须纠正：超级图腾不是注册商标，不是自创图形，也不是凭空想象。这些对超级图腾的理解是远远不够的。

为什么品牌一定要有超级图腾

图腾就是力量！

超级图腾拥有强烈的号召力，其背后是数百年甚至上千年的文化历史沉淀，一个超级图腾承载着百年的人文感召力。超级图腾还拥有强烈的忠诚度，一旦进入人的大脑，就具有强烈的排他性。用户会偏执地认牌购买，不受任何其他品牌打折、促销等活动的影响。

超级图腾难不难，难在哪

每个成功的品牌都必然拥有一个伟大的超级图腾。很多朋友会说，蒋老师，我也想拥有超级图腾，但很难找到适合自己的。确实，寻找超级图腾很难，难在两个方面。

一、自带强认知

超级图腾需要自带强认知，这样才能无须教育，产生强大的影响力。

如何才能自带强认知呢？

第一，超级图腾需要自带文化原力。拥有百年甚至千年的人文背景和文化烙印，例如各行业的祖师爷：酒祖杜康、茶圣陆羽、医圣张仲景等。

第二，超级图腾需要自带公众认知。拥有广泛的群众基础，是大众熟悉和喜闻乐见的，例如：世界三大长寿村之一的巴马，世界最高峰珠穆朗玛峰的海拔8848米。

第三，超级图腾需要自带影响力。拥有社会大影响和大知名度，具有全国甚至全球的影响力，而非局部或区域性的。例如：全球顶尖大学和世界科技中心——美国硅谷；中国大唐盛世，万国来朝；改变世界的大人物——杂交水稻之父袁隆平，他改善了全球60亿人的粮食问题。

二、无须解释

超级图腾就是无须解释，直指人心，让人一听就懂。

一看就能秒懂，不需要费口舌，不需要花费广告费用，无须说教，立即就能理解；一看就能吸引，不需要学习，不需要重新认知，符合人的喜好，成为大众的梦中情人；一看就能追捧，不需要打折，不需要降价促销，自发追捧，自愿购买。

中小企业是如何做品牌图腾的

99%的做法是发明创造！

他们自创一个图形，花费巨额广告费去宣传推广；自编一套理论，花费长时间去教育市场和用户。我坚决反对这种发明创造的做法！凡是需要投入巨额广告费和教育市场的，绝对是高成本营销，这不仅浪费时间，而且耗费大量资金，最终还可能拿不到预期的结果。那么，怎样才能以低成本拥有超级图腾呢？

中小企业如何以低成本拥有超级图腾

借超级图腾！

一个字"借"！借图腾，无须教育，无须广告，家喻户晓，人人皆知。

案例：曼科如何借"开关"大认知提炼"无须教育，一看就懂"的超级图腾

如前文所述，曼科开关自1985年由三兄弟创业办厂以来，先后为德国施耐德、西门子，日本松下等著名品牌做OEM。随着代加工的利润越来越低，产业又转移到东南亚，三兄弟感受到了巨大的经营压力，于是推出了自己的品牌。这是曼科最早的品牌图腾：

- 一看就与开关毫无关联。很多朋友看到符号中间有个钩子，以为这是一个做运动产品的。

- 国牌智造认为：超级图腾的标准必须对标国际品牌。把曼科放在与国际大牌一起，完全找不到存在感。

- 再把曼科放在国内开关品牌中，同样也被同行的图腾淹没。但它们的图腾也只能代表品牌，缺乏唯一性，如公牛的牛头图腾，做牛肉火锅的也挂着牛头标，做皮鞋的也叫牛头牌皮鞋，也有牛头标。而俊朗的人头标，更有诸多遐想，有人说像安全帽，也有说像建筑工人……

我们认为，曼科要做的是，代表行业的图腾，成为行业第一联想的超级图腾。

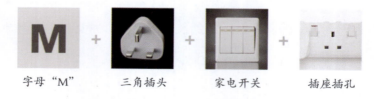

字母"M" 　三角插头 　家电开关 　插座插孔

我们从第一个字母"M"为创意起源，导入了开关行业的第一联想。想到开关，你联想到什么画面？开关面板？三角插头？还是开关按钮？对了！超级图腾不是发明创造，而是将你头脑里第一个想到的元素提炼出来，就形成了一个无须教育、一看就懂、一懂就要的超级图腾。这是我们为曼科最终提炼的超级图腾。

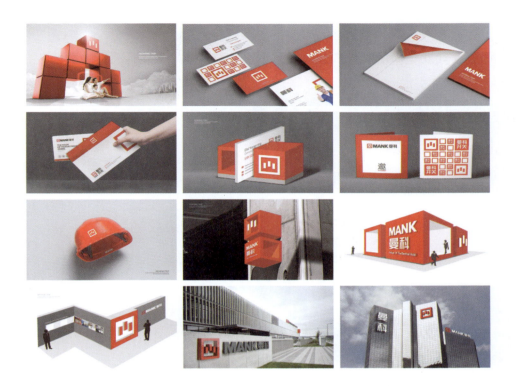

超级图腾如何借势

公有图腾私有化。

　　七匹狼利用一匹狼奔跑的形象，将人们对狼的集体认知原力显现出来，直观而纯粹，无须解释。奔驰借用汽车方向盘这一公有认知作为超级图腾的创作元素，让人一看就能直接联想到汽车，从而成为汽车行业的代表。劳力士将代表皇权、至高无上尊贵的皇冠私有化，借助全球人们对皇冠图腾特有的精神信仰，成为全球知名度最高的豪华手表品牌。

很多朋友会问：蒋老师，讲得太好了，怎么落地呢？我将毫无保留地分享我20年做品牌咨询的智慧，以及世界500强只做不说的私密策略给大家。

借图腾势方法论

我们将借图腾势总结为"图腾三借"：

借超级图腾、借超级色彩、借超级数字。

我们已经讲过借超级图腾，现在让我们进入"借超级色彩"的讲解。

一、借超级色彩

根据美国流行色协会的研究，色彩在营销中可以提升77.5%的销售业绩，并且可以提高60%的决策速度。企业家朋友们，让我们共同研究色彩对销售和决策的影响，一起掌握色彩的运用。

（一）色彩定价权

色彩有高低、贵贱之分。在人类的潜意识中，不同的色彩代表着不同的心理价位。

1. 高档色系

2. 中档色系

3. 大众色系

不同的色彩带来不同的价值联想，不同的色彩也带来不同的心理价值。

（二）霸占色彩

1. 每个品牌都有其专属的色彩

奔驰黑　　　　　　保时捷银　　　　　兰博基尼黄　　　　　法拉利红

2. 每个品牌都要霸占一个色彩

可口可乐霸占了红色

百事可乐霸占了蓝色

雪碧只能使用绿色

马牌轮胎霸占了黄色

  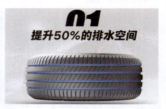

米其林霸占了蓝色

具有营销战略思维的品牌都占据了专属的色彩，使得其他品牌无色彩可用。

3. 每个品牌都要重新定义色彩

有一种蓝叫蒂芙蓝　　　有一种灰叫欧文莱灰　　　有一种红叫曼科红

有企业家朋友问我，蒋老师，如果我率先使用的色彩被别人用了怎么办？没关系，市场和行业会为你证明。一旦对手使用，行业内的人就会说这是在模仿某某品牌，这样不仅无法挑战你的地位，反而还为你做了广告。

（三）借色彩引爆销量

1. 色彩心理学

色彩对销量的影响超出你的想象！它会产生巨大的力量。

红色让人联想到血和热的强烈，其色彩密码为：活跃、情绪化、热情、信任、爱、强烈。

红色

蓝色让人联想到天空和海的深沉和稳重，其色彩密码为：舒适、清澈、自信、平静、信任。

蓝色

黄色让人联想到太阳和希望，传递信心，其色彩密码为：积极、光芒、温暖、动机、创造力。

黄色

绿色让人联想到清新和健康的向往，其色彩密码为：财富、健康、威望、自然、生命力。

绿色

黑色让人联想到神秘和奢华，令人着迷，其色彩密码为：高贵、价值、永恒、平抚、诱惑力。

黑色

跟大家分享一个用色彩掌控情绪的案例：有三个专注做床垫的品牌，你会选择怎样的色彩？

A品牌：香港海马床垫

B品牌：雅兰床垫

C品牌：富安娜

品牌色彩本意是带给用户更好的睡眠体验，但事实可能恰恰相反，这些色彩可能导致用户睡不着。为什么？

红色→焦燥　　　　　墨绿色→压抑　　　　　红白蓝→兴奋

用色如用兵，用错了会害人害己！

📄 案例：慕思如何借色彩情绪暗示，创建品牌超级色

下面这个品牌选择了"黑色"作为品牌专属色。为什么用黑色？它要带给用户的情绪价值是助眠。黑色的店面、昏暗的灯光、听着催眠曲、闻着薰衣草的味道、躺在极其舒适的软床上，很快你就会进入睡眠状态。这个品牌就是慕思。

2. 色彩影响消费欲望

麦子金、食欲橙加上暖黄色的灯光，可以使一家面包店的业绩上升1倍、2倍甚至3倍。为什么呢？这不仅满足了需求，更在创造需求！它能让路过的、本来不饿的人在看到这种色彩时不经意间感觉到饿了，想要吃面包，因为这组色彩能刺激人流口水。

为什么在超市里，有绿叶衬托的水果比没有绿叶衬托的卖得好1倍、2倍甚至3倍？绿叶能让水果显得更新鲜，刺激了消费者对新鲜价值的渴望，因此一上市就被抢购一空。

3. 色彩产生决策力量

为什么100年来，可口可乐始终使用红色？因为红色能激发人的激情，加快决策速度。为什么10年来，王老吉一直在海报下方使用蓝色冰块？蓝色冰块象征着解渴，能促使人们立即购买。

同样的产品，同样的价格，为什么销量会相差十倍？

红瓶王老吉　　　　　绿包王老吉　　　　　金瓶加多宝
本就上火，火上加火　草本色彩，毫无食欲　金色包装与上火无关
　　创造需求　　　　　　降低需求　　　　　　没有需求

好了，大家对色彩是否还意犹未尽，念念不忘？每一种色彩都有其独

特的能量。有兴趣的企业家朋友可以参加我线下举办的3天3夜品牌训战营，尽情畅听！

接下来，我们将进入品牌必不可缺的数字系统环节。

二、借超级数字

借超级数字=借超级能量

好的数字，用户一听就信，例如6个核桃。	
好的数字，用户一用就灵，例如章光101生发剂。	
好的数字，用户一看就服，例如7天酒店。	

那么，如何用好数字，给我们的品牌带来超级能量呢？

（一）借吉祥数

每个数字都拥有不同的能量，需要与你所在的行业和个人特质相匹配。通过借用吉祥数字，可以为你的营销增添无穷的决策力量！

"1"代表权威和领袖，例如深圳湾1号、美孚1号等。	
"2"代表平衡和互利，例如红双喜、太二酸菜鱼。	
"3"代表稳固和多元，例如三菱汽车、三一重工。	
"4"代表通达和广阔，例如四海集团、四通集团。	
"5"代表生发和大地，例如五粮液、五芳斋。	
"6"代表顺利和滋润，例如金六福、六福珠宝。	
"7"代表周期和力量，例如7天酒店、七匹狼。	
"8"代表包容和发展，例如八吉祥、八达通。	
"9"代表回归和恒定，例如九芝堂、肆拾玖坊。	

（二）借叠数

有一个数字能量极其强大，它就是叠数，相当于力量多倍加持。

世界上卖得非常好的香烟品牌。	
中国卖得非常好的药品品牌。	

（三）借数字联想

品牌高手往往巧妙地运用品牌名称或关键数字的喻意和联想，将难以描述或不可描述的信息精准传达，直击痛点，引发销售。

一整根人参熬夜水（好像真有一根）。	
3根虫草饮片（里面真的有3根）。	
五个女博士美容产品（好厉害，博士出品）。	
不二家零食（好像没得选择了）。	

成也数字，败也数字。品牌的成败得失，或许正是与它的数字能量息息相关：为什么555电池卖得风生水起，而777电池却陷入经营困境？为什么香奈儿开发了从1号到10号的香水产品，只有5号行销全球？为什么中国第一家做中文搜索引擎的3721网站，走了很短一段路？

很多朋友会说："蒋老师，我们小企业也需要超级图腾吗？对我们而言更重要的是卖货啊！"你们知道吗？一个做外贸的小品牌，就是通过导入超级图腾，销量翻了十倍，成为细分品类的第一品牌。

案例拆解：Gelike EC如何借"亚马逊"公共认识，创建比肩国际的品牌超级图腾

一对来自西北的夫妇在广州美博城开设了一个仅7平方米的档口，专门从事美甲产品的外贸批发。经过10年的辛勤经营，生意逐渐步入正轨。正当他们准备大展宏图时，一位印度的老客户突然下了一笔300多万元的订单，并支付了10%的订金，夫妇俩如获至宝，连续加班60天赶制货物。发货后，他们高兴地邀请加班的工人一起庆祝。然而，在举杯欢庆之际，他们听到隔壁桌有人正在打电话大声斥责，从对方断断续续的骂声中，他们大致了解到：一位外贸客户订了500万元的货物，半年过去了，货款却分文未付……夫妇俩赶紧上前询问客户身份，结果发现正是给他们下单的那位。他们当场愣住了！回过神来后，他们立刻询问了其他同行，得知这位外商在这半年内已经骗了数十家工厂，没有一家能够追回货款。夫妇俩顿时感到绝望，辛苦十几年的积蓄，仿佛一夜之间回到了起点。

经过一段时间的消沉，夫妇俩做出了重大决定——不再从事贸易生意，要将主动权和定价权掌握在自己手中。他们开始转型做跨境电商。

疫情期间，人们居家生活催生了跨境电商的快速发展。夫妇俩在美甲品类上开始崭露头角。但好景不长，竞争对手嗅到了商机，他们六个月开发的爆款产品，对手仅用两个月就复制出来，而且品质更好、价格更低。激烈的竞争随即展开，销量和利润开始下滑，卖得越多亏得越多，他们再次陷入了困境。

有一天，他们带着问题走进了我的课堂。两天的课程结束后，他们找到我："蒋老师，这两天我们最大的收获是一定要做品牌，这是我们唯一的出路！"他们转变了思维，决心从白牌转型到品牌，在跨境电商美甲品类上打造自己的品牌。

一、图腾分析

最初，这家企业与大多数从批发转型零售的企业一样，仅仅是货品的搬运工。他们将线下的商标、包装、产品直接搬到了亚马逊。

原品牌图腾　　　　　　　原品牌色彩　　　　　　　原品牌包装

是商标，不是品牌　　　　杂乱/廉价　　　　　低档/无吸引力

二、寻找原力

美甲的流行趋势源自欧美，Gelike EC必须融入欧美文化大生态，才能获得欧美用户的认可。因此，我们从亚马逊的世界原生态中试图寻找属于G文化母体。亚马逊的原生态与G所倡导的健康、安全理念不谋而合。

Amazon　　　　　　原始　　　　　　神秘　　　　　多彩

三、借图腾势

在亚马逊大生态中，我们优选了变色龙、贝壳、巨嘴鸟三个图腾元素。经过进一步筛选，我们最终选择了巨嘴鸟作为品牌的图腾创作原力，进行融合。

变色龙　　　　　　贝壳　　　　　　巨嘴鸟

四、认知关联

巨嘴鸟如何与品牌图腾建立强关联？这是一份来自亚马逊大生态的礼物，高度为品牌量身定制，足以表达超级图腾的原力所在。

坚硬=安全　　　色彩丰富=时尚　　　生态自然=健康

五、原力提炼

我们对"原力"进行了高度提炼。

巨嘴鸟　　　　　甲片　　　　　品牌字母

六、图腾表达

七、借色彩势

拥有超级图腾的同时，我们还要借力国际流行色，一出场就要惊艳全场！

八、研判图腾

判断一个超级图腾的标准是，将其放回竞争环境中，与国际顶流大牌和行业一线品牌站在一起，看它是否能卓然出众，被用户喜爱。

九、超级运用

新形象一出场，就碾压全场，秒杀对手，引爆了十倍销量。

十、借用户势

如何直观诉求"安全甲片就是Gelike EC"？孕妇、婴儿成为我们借势的群体，一看就懂，一看就买！

十一、Gelike EC借图腾势：亚马逊甲片类目销量第一

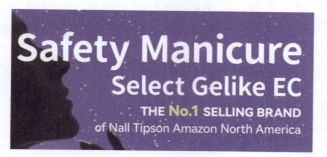

十二、Gelike EC的改变

改变1：从批发转型做跨境电商，有爆品没品牌，没有护城河，被对手抄袭模仿，打价格战、促销战，处处挨打；决心做品牌。

改变2：从白牌转型做品牌，聚焦甲片细分品类，站内+站外联动，构建了品牌+流量模式，成为亚马逊平台甲片销量第一名。

改变3：从不到几千万元的外贸营收，短短六个月，业绩实现了数十倍级的增长，营收数亿元。

十三、超级图腾方法总结

借图腾势不是发明创造，而是借公有大认知，公有认知私有化，以低成本获得十倍级增长！

从选赛道、抢地位、建认知、塑产品、创图腾一路走来，品牌都在练内功。练好内功后，品牌需要通过借营销势，借大商、借大会、借大资源，搞一场震惊行业的大动作，把品牌推出市场，引发大声量、大影响，品牌势能才算真正建立起来，才能真正实现"一出场碾全场"！

下一章，我们一起来看看品牌如何借营销势。

第六章

借营销势

引爆十倍销量

一位下岗铁路工人，如何将一杯奶茶卖到绕地球三圈？

一家床垫加工厂，如何将一张床垫卖到3万元？

一位跑业务的销售员，如何将一只鸡翅膀一年卖出15亿元？

带着这些疑问，我们一起进入中小企业最关注的议题——"如何借营销势引爆十倍销量"的核心内容。

什么是最好的营销模式

有人会说，直销可以省去中间商赚差价；也有人提倡跨界营销，用跨行业的思维击败行业对手；还有人推崇社交新零售，利用私域流量进行营销。这些观点都有一定的道理，但并不能完全代表营销的本质。营销的本质在于用最低的成本，获取最大的成果。

借营销势，成本最低，速度最快，效果最佳。

什么是借营销势

- 借对手势，击败对手。
- 借大牌势，淘汰杂牌。
- 借渠道势，十倍销量。

这才是高段位高手常干的事，即天下之势借我所用，对手之势借来就用，社会之势现借现用！

营销不是什么

营销不是慢慢建立渠道；营销不是埋头苦干提升销量；营销不是通过降低价格来促销。不要用你勤劳的身躯来掩盖战略思维的缺失！营销为什么要借势？

- 99%的品牌都无势，无势就要借势；借钱需要还，但借势不需要。
- 99%的企业处于弱势地位，弱势就要借势；通过借势，快速让自己变得强大，跻身强势品牌阵营，逐鹿市场。

拥有强势就能碾压对手，中小企业的发展不是仅靠努力就能成功的，而是要通过借势来碾压对手。那些全球富豪，一定不是仅靠勤奋就创造了亿万身家，而是懂得借助更大的势能和力量，最终成就一代传奇。

借营销势好在哪

以小博大，借营销势帮助处于被动局面的中小企业以四两拨千斤的方式，用小投入获得大回报；化弱为强，借营销势改变竞争格局，快速脱颖而出，获得强势能的加持，借势改命；借力做大，借巧力，借力打力，抓住大机遇，快速做大做强。

你们可能觉得我讲得太玄乎了，实力就摆在那里，怎么可能一招借势就改变战局？

☆ 案例：故宫口红如何通过借大牌营销，年销量超1亿支

一支杂牌口红，一年如何卖出1亿支？一家来自广州白云区的普通口红生产厂家，无资金、无资源、无背景，年产值规模低，他们想要创立自己的品牌。

这个品牌叫作卡婷，大家听过吗？大部分人可能听都没有听过。可以说是无名无姓无人知晓的品牌了，它又如何做到一年卖出1亿支口红，营业额几十亿元呢？

没错，通过借牌营销！

这是中国第一家携手故宫，推出影响世界，让万千女性追捧的故宫口

红！一出场就秒杀全场，一出场就爆卖。2016年，卡婷"故宫口红"一年卖出了1亿支，成为全球年销量最高的口红品牌！你是谁不重要，重要的是你跟谁在一起！

中小企业营销借势难不难，难在哪

营销借势面临两大难题。

一、小投入，大回报

- 用100万元达到1000万元，甚至1亿元的效果。
- 几乎零成本的推广，却要引发地震般的强烈关注。

这很难，非常难。

二、大资源，借不来

- 大资源和好资源都被对手抢占，借不来。
- 由于地位不对等，吸引不了大资源。
- 缺乏资源，也找不到资源。

中国中小企业的发展确实太难了。

中小企业营销的最大痛点

穷营销！

什么是穷营销？无资源、无投入、无背景，只能小打小闹，勉强维持生计。这就是当前中小企业的营销现状。如果继续这样下去，结果会如何？

- 慢慢死：每年的利润不断减少，从无利可图到亏损，不出三年就可能倒闭。
- 弱弱死：市场销量越来越小，实力越来越弱，最终消失不见。
- 悄悄死：曾经的辉煌已经成为过去，是否还存在，无人问津。

结局似乎已定，但选择权在你手中。中小企业若想生存，借势改命是唯一的出路！

借营销势方法论

国牌智造的独门绝技——营销四借：

借大事、借大牌、借大商、借大会。

"借船出海""借鸡生蛋""借人买货""借力打力"，如何将这些策略落到实处，让我们从"第一借"开始。

（一）借大事

- 做100件小事，不如做1件大事。
- 要么不出手，一出手就要震惊行业、震惊对手、震惊用户。
- 制造十倍的大冲突，发动十倍的大攻击。

我们来看一个极其传统的陶瓷行业，一个新品牌是如何借大势、成大事的。

📄 案例：特地如何通过借一场巅峰论坛奠定"负离子瓷砖发明者"的地位

特地，原本属于欧神诺旗下的一个子品牌，但错过了陶瓷行业的黄金十年。刚出生，由于欧神诺集团分家，占集团业绩的主力品牌被上市公司收购，最好的渠道、最大的用户、最强的团队被带走。还处在发展期的特地，必须面对残酷的现实。从事产品研发和业务销售的两位职业经理人将嗷嗷待哺的特地品牌从集团分离出来，独立经营。

在以十亿元为单位的品牌林立的陶瓷行业中，特地的规模非常小，经销商的规模远不及大牌。品牌初创阶段太难了！但没有渺小的企业，只有自怜自叹的经营者！干营销出身的李强，决不认命，积极寻找突破机会。终于，在2015年的一场雾霾调查演讲中，迎来了一次逆袭翻盘的机会！早在分家前，特地就成功开发出中国首款负离子瓷砖。李强认为时机到了，他必须抓住这次机会。他将全系产品都转型为能净化空气的负离子瓷砖，进入瓷砖细分赛道。如果这一步走错，企业将付出惨重的代价！

终于在2016年，特地召开的"净化论"千人论坛震撼开启，成为一次影响行业格局的盛会。这次盛会向全球发布了陶瓷进化论——负离子瓷砖的诞生，标志着正式进入瓷砖功能细分的新时代，借助中国30亿个家庭关注空气污染的大势，品牌强势出圈。

随后，特地又连续实施了五大连环动作：

- 重新定义行业格局，发布了全球首部《负离子瓷砖白皮书》。
- 荣获"南山奖"，并得到钟南山院长的特别推荐。
- 成为起草负离子"国家级标准"的单位之一。
- 与南方医科大学合作，对负离子瓷砖的功能进行检测，并首家获得国家发明专利。
- 根据市场数据统计，特地在负离子细分品类中销量位居第一。

经过三年的努力，特地坚定地采取了"舍九取一"的战略，专注于细分品类，建立了竞争壁垒，零售额突破了数十亿元大关，成为该细分品类的第一品牌。

（二）借大牌

站在巨人的肩膀上，成为巨人！

中小企业在营销上最大的痛点就是缺乏品牌力。你们是否经常遇到这样的情况：产品介绍得很顺畅，但当对方询问品牌名称时，听完后却说"听都没听过"。那一瞬间，天就聊不下去了，对吧？

借大牌能让你一夜成名。

埋头苦干几十年，不如一朝攀上名门，一夜之间变得家喻户晓。

案例：玉百味如何通过借小黄人联名款实现销售破亿元

这是一个来自佛山的初创饮料品牌。母公司佛山俊杰公司原本从事钢材生意。随着房地产行业的下行，公司早在2017年就开始布局第二产业——饮料行业，主营玉米汁饮品，自创品牌"玉百味"。然而，饮料行业巨头林立，竞争激烈，新创品牌步履维艰，发展困难。

创始人对品质非常执着，生产100%零添加的新鲜玉米汁，口味纯正，定价亲民。但品牌因缺乏知名度，渠道难以打开，好产品无法到达消费者手中。创始人对此感到非常焦虑。好产品却打不开市场，只能眼睁睁地看着勾兑产品、劣质产品大行其道，感到十分无力。

不要做认知以外的事，不要赚认知以外的钱！

对于企业家而言，这的确是个难题。专业的事情应该交给专业的人来做。我们面前的问题是，借哪一个品牌能与玉米强关联，借哪一个IP用户认知最高？

有一个超级IP进入了我们的视野。放眼全球，有一个IP跟玉米一样黄，而且黄得地球人都知道。更重要的是，它长得也很像玉米，也是"棒子"造型。它俩的结合，可以称得上"最黄组合"。你们猜到了吧？对，就是深受男女老幼喜爱的小黄人。玉百味携手小黄人打造IP联名款，一经推出就被用户称为"史上最黄"。

新包装推出市场短短6个月，市场一线捷报频传——新增200个经销商、新布20000个销售网点、线上李佳琦带货、"双十一"销售破亿元……

请问：100万元，能买到1000万个用户的认同吗？一个新创品牌要实现10万个用户的认同，通常需要3年，而小黄人在全球却有超过1000万个用户的强烈追捧！

100万元做广告宣传，能带来1亿元的销量吗？携手小黄人花费近百万元，无须教育，无须广告，一场活动就引爆了1亿元的销量。

今天，营销比拼的就是以最低成本、最快速度，获得最大的结果。

（三）借大商

百亿元级别的品牌，必然拥有十亿元级别的经销商；十亿元级别的品牌，必须拥有亿元级别的经销商。品牌能做多大，取决于你的经销商规模有多大。中小企业在营销上最大的困难就是没有超级大商的支持。没有人听从你，没有人跟随你，没有人扶持你，跟着你的都是些小角色，他们为你创造不了价值，反而专门从你这里获取利益，把你榨干之后，就会毫不犹豫地离你而去，头也不回，是不是这样？

案例：海基伦

如何借大商的力量呢？还记得第一章我们分享过的案例海基伦吗？当它选好了一条能够实现十倍增长的新赛道，准备实施"幼教空间规划师"的概念时，就面临着打通渠道、争取获得大商支持的挑战，这样才能实现大增长。那么，它是如何借大商的力量的呢？

第一，利他，研究大商们的痛点。

第二，为他，提供精准的解决方案。

第三，帮他，通过大业绩大增长赋能系统。

第四，塑他，放大标杆价值。

第五，绑他，结成利益共同体、事业共同体、梦想共同体。

以上五个动作吸引了全国排名前十的大代理商中的八家，使得2022年

2月25日在中山举办的海基伦超级服务商私董会取得了巨大成功，订货业绩实现了翻倍。利他之心是最锋利的武器，无所不克！即使是再强大的人也有痛点，只有以真诚建立联系，以利他精神建立合作，才能取得实际的成效。

（四）借大会

开1000场小会，不如开1场大会。

- 大会引发大关注，千人参加，万人关注，十万人转发。
- 大会才有大势能，大场面，认知大改变，获得大结果。
- 大会才能招大商，大道场，震惊大代理，拿下大资源。

企业越小，越要举办大会。

大会改变行业地位，大会提速发展；大会小投入大回报。点滴投入不如一场爆单。小企业熬不起，要以快制慢，以速度跑赢对手！小企业如何成功举办一场大会？策划的实力更重要，好策划能为你借来千军万马！

案例：曼科

前面提到的曼科，在我把企业老板的头发都逼白了的情况下，战略级爆品"速装开关"面市，马上面临招商，招大商的挑战。曼科38年专注于产品和生产，在营销上可以说是"三无境地"：无资源、无渠道、无大商。这让负责营销的人感到头大、压力大，人送外号"大头哥"！所有投入是否有回报，关键就在这一举！

怎么借呢？借的本质就是借力打力，以资源影响资源，以有影响力的人影响有影响力的人，确定了策略，一切就迎刃而解！

1.借媒体来获取大资源

大资源在谁手里，就找谁借。曼科通过携手三大门户网站之一的新浪家居，借助新浪家居邀请了尚品宅配、富力地产、靓家居、广铝集团、雅居乐等头部企业，共同为曼科的速装开关发声，开启"速装"新时代。

2. 借上游势倒逼下游单

借势建立了"速装家居生态图",与开关经销商的上游用户——地产、整装公司建立战略联盟,签订战略合作,将业绩掌控在手中,下游铺货经销商听话照做。

3. 借电工反控经销商

曼科通过"电工品牌化战略",在6个月内注册用户超过50000人;得电工者得天下,曼科品牌在电工群体中拥有广泛的群众基础。大会现场500个电工代表上台成为曼科开关的推荐官;大会主题为"一芯一亿",一场大会签约17个千万级代理商,现场确定地位,底部点火,再次实现让经销商听话照做。

从2017年9月20日开始,曼科品牌一路狂飙,订货收现突破亿元!从千万元级别直奔亿元级别,从亿元级别进入十亿元级别俱乐部,实现逆势狂销……

伍董事长为17位成为千万级代理商颁发荣誉奖杯

有一种红叫曼科红，我衷心祝愿曼科能够红遍全中国！

借营销势是一个系统工程，我们应该如何将"营销四借"应用到企业的实践中呢？我将通过一个我亲自操作的案例，为大家系统地拆解每一个环节。

⭐ 案例拆解：润初妍如何通过借营销势连环矩阵引爆业绩

这是一家中小企业，创始人杨承浩曾就职于宝洁公司，负责营销工作。

在起步阶段，他将一款原本高端且价格昂贵的玻尿酸原液，从国际品牌的268元一瓶直接降至68元一瓶，并推出买一送一的促销活动。依靠这款单品，公司成功起步，赚得盆满钵满。但其他杂牌公司也迅速嗅到了商机，立刻进行复制。短短六个月内，市场上涌现出上百款同类产品，导致竞争异常激烈，公司也想方设法想要突破。

杨承浩没有选择坐以待毙，而是找到了杭州一家专业的美业策划公司，做了三个月的策划方案。但看到方案后，他发现根本无法解决问题，立即叫停。

时间回到2019年12月25日，那天杨承浩在办公室思考公司的经营方向，突然接到了来自中山大学时代华商商学研究院黎智云副院长的电话。黎副院长建议他参加12月28—29日由学院举办的课程，届时将有中国著名的品牌营销实战专家蒋桦伟老师授课，蒋老师曾帮助多家濒临倒闭的企业起死回生，逆势翻盘。黎副院长还亲自参观过蒋老师服务过的企业，企业老板对蒋老师非常认可，如果连蒋老师都无能为力，再做其他决定也不迟。

就这样，杨承浩参加了我举办的两天一夜的品牌特战营。经过深入交流，他告诉黎副院长，他一定要请我来做咨询，一定要翻盘！接下来，让我们一起见证润初妍的高光时刻！

我们面临的第一个挑战是：如何借大商的资源。

第一借：借大商

在2019年年底，我们策划了一套方案，并经过双方的沙盘推演，确定了操作思路。2020年春节，我带着家人开心地去日本旅游。初七回到广州时，我感到非常困惑，为什么每个人都戴着口罩。从机场回到小区的路上，几乎看不到行人。初八刚上班，我接到的第一个电话就是杨承浩打来的。他打电话来和我商量疫情下的紧急应对措施。我平静地回答他："不要浪费每一次危机，这正是我们最好的机会！"

当所有人都无法开店、无法营业，处于极度恐慌之中时，杨承浩邀请他最重要的四位经销商来到广州。第一场超级经销商私董会就在我们公司一层召开。原本非常焦虑的经销商听完我们的操作系统介绍后，态度发生了180度的转变，仿佛在无尽的黑暗中看到了佛光普照，仿佛十倍增长就在眼前。四位经销商纷纷争先恐后地签订了新的合作目标，而且一个比一个定得高。在一天之内，我们实现了收人、收钱、收心，诞生了业绩破局的四大天王。

随后，我们实施了五大动作以确保业绩实效落地：

动作一：诊断。对超级经销商进行实地调研，发现业绩增长的瓶颈所在。

动作二：制定。制定超级经销商的实施方案，重构能够实现业绩十倍增长的系统。

动作三：召开。在三亚召开超级经销商落地私董会，双方共同论证每一个操作。

动作四：打板。在河南周口举办超级经销商游学私董会，用数据、方案和事实来说服八大金刚。

动作五：定型。制作超级经销商打造手册，批量复制并建立标准流程。

在近六个月的时间里，四大天王全部实现了业绩增长，八大金刚也各就各位，品牌重新崛起，成为疫情下的业绩传奇！

很快，企业迎来了第二个挑战：渠道数量远远不够。仅靠四大天王和八大金刚就能覆盖全国吗？我们必须以十倍的速度进行招商和拓展渠道。自建渠道的速度太慢，战机稍纵即逝！我们该如何实现十倍的招商速度？如何控制渠道？如何渗透渠道？

第二借：借渠道

中国美业不缺渠道，缺的是让这些渠道活跃起来的方案！

在30天内，我们发布了30000条抖音、微信短视频，火力全开，全网霸屏。

《18招，让你收现180万》《365天每天1元业绩拉满》《全年动销方案免费拿》等视频获得了100万次转发和1000万次点赞。借助新媒体的力量，30天内我们成功邀约了500家合作门店到场，开启了渠道的大爆量。

2021年3月15日，润初妍"品牌经理春季培训会"在长沙召开，来自全国各地的门店老板不辞辛劳，克服重重困难，齐聚长沙。在两天的会议中，现场体验，现场直播，学习话术，现场报名，人数不达标就不准上厕所，目标未完成跪着也要完成；我们一起打磨了收人、收钱、收心的方法，以钢铁般的意志，在润初妍团队使命必达的强大决心推动下，最终实现了500多家门店先收钱再加盟，无一掉队，100%加盟，现场门店裂变，24小时内成功邀约1373人参加8月份的三亚全国大会。

2021年5月7日，润初妍2000人全国大会在三亚正式举行。

借渠道，邀约超2000人到场，一场大会收现数千万，完成全年50%以上的业绩，斩获年度修护品类大奖。

那么，品牌通过借大商，借渠道蓄积了强势能，如何落地终端实现十倍大增长呢？

第三借：借门店

辛苦建门店不如借门店！

对于大多数中小企业来说，现阶段的实力并不允许自建门店。我们与润初妍团队共同意识到了一个机会：当前门店经营非常困难，但正因为困难，才更值得去尝试！实体门店的价值已经发生了巨大转变，美妆行业必须从销售产品转向提供服务。谁能抓住转型的红利期，谁就能拥有千家门店！

润初妍门店的"皮肤研究所"模式正式亮相，解决了门店的五大问题：

- 精准引流。
- 有效锁流。
- 用户回流。
- 万元客单。
- 用户裂变。

皮肤研究所的八大战区首轮打样成功，六个月内快速复制，目标是在三年内建立3000家研究所：

- 2023年1—11月，润初妍的销量同比增长了36%。
- 全国96%的经销商实现了业绩增长。
- 2023年"双十一"，一家皮肤研究所在三天内的业绩就超过了10万元。
- 皮肤研究所的平均客单价为5000元，复购率超过90%。

"所"到之处，收人、收店、收心！

拥有了四大天王、八大金刚等超级大商，以及全国3000家终端门店，就意味着成功了吗？

还不够，我们必须通过大事件来吸引用户，让用户认牌购买，彻底引爆销量。

第四借：借事件

一个大事件的到来，往往让99%的中小企业感到望洋兴叹，无能为力。

面对大事件，考验的是操盘者的速度与勇气。2022年全球最大的事件无疑是冬季奥运会，耐克的赞助费高达15亿元，李宁为10亿元，可口可乐为8亿元。你愿意或者有能力花费多少来赞助呢？

润初妍在行业内首开先河，以极低的成本迅速签下了冬奥会世界冠军于小雨，并立即启动了三大营销战役：

第一战：终端战。利用"冬奥冠军"的形象占领终端市场，让冠军的形象无处不在，使终端门店也散发出冠军的气质。

第二战：联名战。推出"冠军品质"的联名款产品，将冠军的价值发挥到极致，拉动大量销售。

第三战：动销战。以"冠军之名"结合冬季护肤的特点，年底在全国范围内进行大规模的促销活动，订单非常火爆。

　　润初妍，借助"冬奥世界冠军"的影响力与大事件联动，将品牌从B端渠道的认知扩展到C端用户的心中。短短三个月内，用户关注度接近

千万，成功地借大事件，建大认知，促大销售。

　　至此，碾压式竞争系统中的"借六势、强十倍、细分做第一"已经全部完整地呈现给大家。如果你希望更详尽、更深刻、更具有实操性地了解这套系统，欢迎来到我的"碾压式"竞争课堂，与中国成千上万面临同样问题的企业家朋友一起，更系统地学习。我也特别期待在我的课堂上遇见本书的每一位读者，与你们共同探讨企业未来的新出路。

　　在下一章中，我们将通过一个完整的案例来完整还原碾压式竞争系统的操作过程，层层剖析，打通每一个落地执行的操作环节，最终实现大成果。我相信你一定能从中获得属于自己的启发。

第七章

碾压式竞争系统全案拆解：慧立康

以上是碾压式竞争系统的全部内容，至此已全部介绍完毕。

可能有的学员在阅读后面的内容时，对前面的理论和知识点有所遗忘。没关系，我们通过一个完整的案例，将本系统的各个模块再次逐一拆解，以案例实操的方式带领大家巩固一遍。

我之前对美容院专业线有一个固化的刻板印象——认为这一行水太深，对此也有一些顾虑和看法，多少担心晚节不保。因此，慧立康项目的前期接洽就进行了三次。

第一次，创始人范国刚的太太前来拜访，我出于朋友的情面，给了一些战略层面的意见。

第二次，我以为事情已经结束，企业创始人范国刚教授亲自来访。我最初还是打算拒绝，但范教授诚意十足，他表示非常需要我们专业的帮助，希望借助我们的专业经验帮助企业度过当前的困难。我开始被打动：一个白发苍苍的老人，在企业内部出现问题后，依然坚持用初心和良心经营企业……然而，中国像这样的企业并不多。但我还有一个顾虑：合作基于彼此的信任，最终要以取得结果为目标。这就需要企业有很强的执行力，能否取得想要的结果，关键在于是否具备强大的执行能力。而负责执行工作的，是范教授的一位合伙人，也是股东，更是他的另一位得意门生。

于是有了第三次接洽。这一次，范教授带来了他的这位弟子。接触后，我能感觉到这位弟子对企业的忠诚和心意。他迫切希望改变目前的现状。聊完之后，他感慨地说："听君一席话，胜读十年书。"他坚信只有借助外部的专业力量才能挽救企业当前面临的危机。

合作是美好的，现实却是艰难的。合同签署前，公司内部团队一致反对我接手这个项目，担心这个烫手山芋会损毁公司一直以来的美誉，同事们都说："蒋老师，您是那么爱惜羽毛的一个人，怎么今天也犯糊涂了？

这明显是一块难啃的骨头，我们吃力去做，最后也未必能得到客户的一声叫好。"我当然很清楚我在做什么，以及背后的风险和压力有多大，但既然项目接下来了，我们也必须接受挑战，去帮客户破这个局。

就这样，这个项目在一片反对声中确定了各项合作事宜，并在2021年8月25日正式启动。

品牌背景

创始人范国刚，一位拥有30年行医经验的无国界医生。在他50岁那年，带着全球领先的皮肤生态修护技术回国，并立志打造一个世界级的中国品牌。

此时创业，对体力和脑力都是一大挑战。当时，国内护肤市场追求快速效果，激素滥用成为常态。范国刚面临巨大压力，但他依然坚持初心——不添加任何激素，遵循皮肤的自然修护周期。他的坚持遭遇了全行业的围攻。

在最艰难的时刻，创业伙伴放弃了，经销商放弃了，跟随他多年的弟子也放弃了。范国刚没有放弃。他认为作为皮肤医生，有责任坚持科学，改变行业的乱象。

"我不下地狱，谁下地狱。"10年过去了，范国刚从满头白发变成了光头，唯一不变的是他的初心。终于，消费者的觉醒，市场开始抵制含激素的护肤品，慧立康也迎来了前所未有的市场机遇。10年的教育，慧立康在美容院专业线取得了巨大成功，成为美容院院长追捧的顶级品牌，营收也达到了行业领先水平。然而，好景不长，企业内部出现了危机，一夜之间仿佛又回到了起点。

了解完品牌的背景，我们不禁感叹："那些唯利是图的企业倒是赚得盆满钵满，而少数有良知的企业却异常艰难。我们不能坐视这样有坚持的企业走向没落。"

随着项目工作的开展，我们对项目的现状有了更深入的了解，三大现状令人头疼：

现状一：经销商缺乏信心，渠道商缺乏信心，团队缺乏信心。

现状二：敌强我弱，处于绝对劣势，市场失控。

现状三：品牌缺乏认知，产品缺乏系统，营销缺乏方法。

原有的老赛道已经非常拥挤，对手在老赛道上非常强势，慧立康被频频打压。原有的渠道被动，最好的资源也被拿走，几乎一无所有。

因此，我们认为慧立康必须重新起盘！

怎么办？老赛道不能再继续了，我们必须为品牌寻找新的出路。

借赛道势

慧立康成于专业线，也困于专业线！

传统专业线是否有实现十倍增长的机会？这个赛道的门槛很低，技术含量不高，投入小，但赛道上的竞争已经白热化，各种手段层出不穷，恶性竞争屡见不鲜。慧立康想要在老赛道上实现十倍增长，显然是没有机会的！

如何在企业认知内的专业线领域寻找新的赛道？答案不在办公室，而在现场。我们对美容院进行了无数次研究和积极尝试，从三个方向出发，试图寻找一条适合慧立康未来发展的新赛道。

一、从新人群出发，寻找十倍增长的新赛道

美容院80%的用户是中老年女性，是否可以吸引年轻人进入美容院？调研发现，美容院无法满足年轻人追求时尚、快捷、立即见效的需求，同时他们也反感推销，不接受洗脑式消费，这与美容院的模式不匹配，我们立即放弃了这个方向。

二、从新渠道出发，寻找十倍增长的新赛道

换人不行就换渠道！能不能从专业线换到日化线？调研发现，日化线的竞争更加激烈，资金消耗更加严重。利润低，团队庞大，这与慧立康专注教育、高客单价的模式完全不符！这是从红海换到另一个血海，我们知难而退。

一个月过去了，没有结果；三个月过去了，依然困在原地。客户开始动摇，咨询团队也越来越焦虑。

三、从新场景出发，寻找十倍增长的新赛道

到一线去，到用户家里去！

在成都一位八年资深的用户家里，我们发现在她梳妆台上摆满了国际大牌护肤品，却没有一瓶慧立康的产品。我们好奇地问："您平时没用慧立康吗"？她说："是的，平时没有用。"我心里一震，仿佛哥伦布发现了新大陆——能不能让用户从美容院回到家里，也使用慧立康？

于是我们诞生了一个大胆的想法：能不能把美容院的护理延续到日常家庭护理？能不能在美容院之外，再抢占用户的化妆台？

我们立即调出高端美容院专业线护肤品与日常护肤品销售的大数据，发现了以下数据对比：

- 美容院高端护肤品2022年市场规模：464.3亿元。
- 2023年中国护肤品市场规模：5696亿元。

这条新赛道的增长何止十倍！

于是，就有了我们碾压式战略：从"美容院居家护肤"新场景中，获得十倍增长的新赛道。

慧立康凭什么进入"美容院居家护肤"新赛道？这条赛道有何优势？

优势一：这条赛道更宽，增长更快。

优势二：比美容院专业线的竞争对手有优势。第一，不专业，因为他们做不了；第二，没决心，他们面对的是世界级的品牌；第三，不愿意大投入。

优势三：慧立康进入这个赛道比国际品牌更有优势，拥有美容院的前置推荐，和美容院后护肤一脉相承。

仅仅发现十倍增长的赛道远远不够，要击穿新赛道，品牌地位的差距不是一倍，必须是十倍！

借地位势

建立品牌的行业地位不是靠喊口号，而是要想方设法借用权威背书和资源，与竞争对手拉开十倍的差距，建立起绝对碾压的行业标杆地位。碾压式竞争系统建立地位的方法论可以概括为八个字：定标、对标、高标、超标。

那么问题来了：慧立康凭什么在"美容院居家护肤新赛道"上打败对手？比拼的是什么？

慧立康必须比对手专业十倍才能碾压强大的对手！

一、定标

- 为什么99%的居家护肤品无效？

- 为什么99%的居家护肤品实际上不是护肤，而是毁肤？
- 为什么99%的女性越护肤，皮肤状况越差？

因为市场上99%的护肤品只做表层滋润，无法实现深层修护。

慧立康必须超越市场上常规的护肤标准——表层滋润，提升到更专业高效的护肤标准——深层修护。表层滋润容易导致过度护肤、破坏皮肤屏障、无效有害，而慧立康的"深层修护"则是分层修护、由内而外、有效有益的护肤高标准。

二、对标

选择用户熟悉的基础护肤大牌进行对标，这样才能有说服力。

- 专业级品牌：功效护肤，解决问题肌肤。
- 基础护肤大牌：日常护肤，解决不了问题肌肤。

三、高标

慧立康如何树立"美容院居家护肤"的新标准？

重新定义专业级护肤的"三高"标准：

- 高纯度：不含防腐剂，100%纯天然成分。
- 高浓度：浓度远超同行竞品的10%，达到50%~80%的高浓度。
- 高吸收：透皮吸收率高达80%~90%。

专业级护肤高标准
高纯度 ＋ 高浓度 ＋ 高吸收

四、超标

慧立康如何十倍超越对手的标准？

我们设定了四个维度来碾压行业标准。

（一）品牌专业十倍碾压

第一，护肤认知标准：基础护肤大牌销售产品，而慧立康销售的是皮肤生理学，从根源上超越对手。

慧立康皮肤5D（5 dimension，5维）模型

	名称	作用	受损状态
微生态屏障	皮脂膜	保护屏障	干燥、无光泽、清洁后紧绷感
表皮层	角质层	保湿、锁水、保护屏障	脱屑、轻度瘙痒、细小皱纹、局部毛孔粗大
	颗粒层	折射、反射、分散紫外线	暗沉、暗哑、色素沉积斑
	有棘层	提供营养、初级免疫	红血丝、敏感、皮内丘疹、弹性下降
	基底层	促进新陈代谢	毛孔粗大、黑头粉刺、长斑、长毛、衰老
基底膜带	基底膜带	表皮层与真皮层营养交换	眼角下垂、眼窝凹陷、黑眼圈、眼袋、法令纹、松弛
真皮层	乳头层	中度免疫	长痘、痘印、痘坑
	网状层	支撑面部轮廓	锁不住水、松弛、下垂、衰老
皮下组织	皮下组织	保湿、缓冲外力	抽屉症、皮肉分离

第二，有效护肤标准：慧立康重塑专业护肤的新标准，将"深层修护"作为有效护肤的标准，并植入消费者大脑。

5D *分层修护

5D*是指微生态屏障、表皮层、基底膜带、真皮层、皮下组织5维修护

科学修护 ｜ 精准修护 ｜ 根源修护

第三，慧立康独创"皮肤修护全周期"理论，将对手隔离在竞争之外。

深入肌底细胞
不同于大多数涂抹型护肤品只能作用于表皮层修护，慧立康采用微米包裹逐层缓释技术，分子粒径达到0.02微米，可直达骨膜层，营养物质更易深入肌底。

给予细胞营养
采用全线细胞营养配方，黄金比例搭配每款产品合理营养成分，刺激细胞分化及延长细胞寿命，诱导细胞正常生长、更新及修复。

细胞排出垃圾
启动皮肤自我修复机制，营养成分逐步修复细胞自愈力，而细胞开始对抗肌肤残留的大量堆积毒素垃圾，过程中时会伴随着红、疼、肿、痒、麻、热等排毒症状，即好转反应。

细胞机能恢复
好转反应阶段后，细胞恢复了"锁水保湿、合成胶原蛋白、免疫力、水油平衡、新陈代谢"5大基础机能，肌肤毒素彻底排出。

肌肤8度健康
细胞机能彻底愈合后，皮肤将恢复达到"厚度、质地、保湿度、光泽度、水润度、白皙度、紧致度、弹性度"8度健康标准，焕活肌肤年轻态。

当皮肤周期管理理论标准的基础建立起来后，我们的品牌高度成为重中之重的工作。

（二）品牌高度十倍碾压

直击灵魂的问题：为什么每个女人都要护肤？护肤背后最根本的原因是什么？在思索问题的过程中，我们发现——每个女人的脸本身就是独一无二的孤品，是最昂贵的美丽，是价值超过百万元的奢侈品。

从护肤品升维到奢侈品，实现价值高度碾压；从"基础护肤大牌"到将自己打造成奢侈品，慧立康，把用户宠成奢侈品！

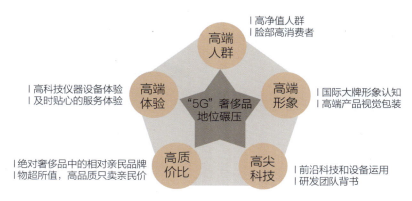

"5G"奢侈品营销模式奠定"中国护肤界奢侈品"的品牌地位。

（三）品牌信任十倍碾压

自己说一万句，不如权威一句话！一流品牌，找一流机构做权威背书！要插旗，就插在珠穆朗玛峰！行业做过的，慧立康坚决不做！要么做第一，要么做唯一！2022年2月21日，慧立康正式携手中国最顶尖的科研机构——中国科学院，共同成立"中科汉方研究所"，成为行业第一个也是唯一一个与中国科学院合作的专业线品牌。

（四）品牌文化十倍碾压

国际大牌都通过文化价值的塑造与其他品牌拉开十倍百倍的差距。

时光易逝，唯有故事留存百年。

——可可·香奈儿

如果苹果没有乔布斯，将会怎样？

如果保时捷没有费迪南德·保时捷，将会怎样？

品牌创始人就是品牌的灵魂，是品牌故事与文化的起源。

那么，慧立康如何塑造品牌文化？

我为专业狂！

专业，是一切力量的根源！放弃专业，宁愿不做企业！

慧立康是一家将专业融入每一个细胞的企业；365天，300天都在培训专业。

慧立康的价值观：为用户立美，为行业立道，为民族立德。

慧立康认为，企业与企业之间的十倍差距，就是价值观的差距。

当所有美业在传授割韭菜心法时，慧立康在研究如何为用户创造价值！当所有美业在打磨收钱套路时，慧立康在思考如何改变行业！

通过"借地位势"，慧立康在专业、品牌高度、品牌文化、品牌信任四个层面实现了高度碾压，奠定了品牌的行业地位。一夜之间品牌拔地而起，十倍碾压大牌护肤品。有了品牌地位，慧立康还要让用户产生十倍的决策力，成为用户的首选，这就需要进行"借认知势"。慧立康如何"借认知势"？

借认知势

一、借品牌名

慧立康要代表中国，成为走向世界的国货大牌！将"慧心立美、健康有道"的皮肤健康理念贯彻始终。在命名上，我们坚持中式命名。民族的，才是世界的！未来品牌将进驻法国，进军欧洲，布局全球；除了中文，还要运用全球语言——英文，才能链接世界！

慧立康的品牌名体系，借力世界级认知语言，高势能行销全球。

二、借品类名

护肤品牌都在谈论修护，99%的女性用户对修护品类非常熟悉。慧立康如何才能在1000个修护品牌中脱颖而出，成为首选？

慧立康的修护有何不同？我认为慧立康需要借助一个无须教育、具有十倍决策力的品类认知。

这对慧立康来说并不难，因为它已经拥有十倍的差异，并且已经持续了10年，只需要提炼和放大这一点。回归本质，我们从皮肤学的结构上寻找核心优势。慧立康与其他品牌最大的不同在于：

第一，从表皮层到真皮层，再到皮下层，层层渗透，逐层深度解决皮肤问题。

第二，99%的产品只解决表皮问题，无法透皮吸收。

5D *分层修护

5D*是指微生态屏障、表皮层、基底膜带、真皮层、皮下组织5维修护

分层是科学修护 | **分层是精准修护** | **分层是根源修护**

第一，分层是科学修护，遵循皮肤结构：微生态屏障、表皮层、基底膜带、真皮层、皮下组织，实现5维科学修护。

第二，分层是精准修护，通过面部症状，精准判断不同问题肌肤受损层级，促使活性成分精准靶向修护不同层级受损细胞。

第三，分层是根源修护，区别于传统护肤品营养成分停留在表皮，通过微米包裹逐层缓释技术，分子粒径达到0.02微米，营养物质深入肌底根源修护。

一夜之间，当对手拿着表层修护与慧立康的5层*分层修护相比较时，

几乎是以卵击石。品类一经推出，对手不寒而栗。

最后，我们还需要用一句广告语，给用户一个十倍决策、马上下单的理由。

三、借广告语

能卖货的广告语都存在"强因果"关系。强因果关系就是：问题+解决方案；病症+解药。

如何用一句话快速击中消费者？

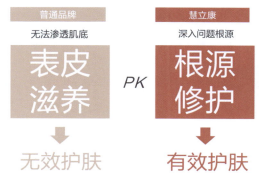

慧立康的品类界定为：5D*分层修护。既然是分层修护，就要直达根源层，分层修护，焕新肌肤。找到强因果关系后，慧立康的广告语就出来了：直达根源，焕新肌肤。

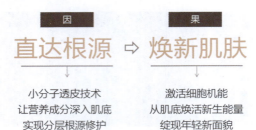

经过三个月的团队共创，慧立康第一阶段的工作告一段落。本阶段我们向企业交付了：《品牌碾压式竞争策划方案》一份。

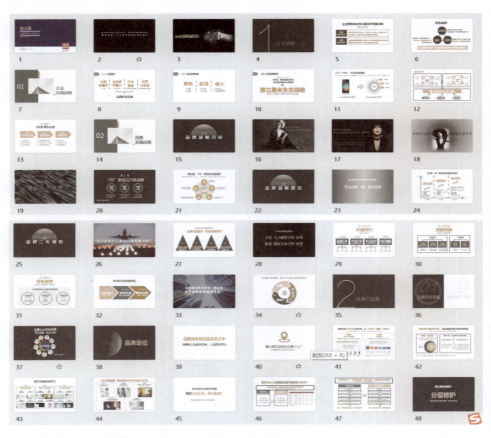

本阶段解决了企业的三大问题：

第一，同质化恶性竞争在传统老赛道中，慧立康毫无机会，连续三年业绩严重下滑。

- 借赛道势，慧立康借助美容院居家护肤的新场景，创新美容院居家护肤新赛道。
- 获得十倍级增长的新赛道：赛道规模更大：464.3亿元vs5696亿元；增长速度更快：20%~25%的增长率。
- 复购次数更多：每月复购1~2次；企业更有优势：院内教育+极致体验。

第二，地位边缘化。在美容专业线，慧立康品牌处于弱势，被对手碾压、摩擦。

- 借地位势，通过定标、对标、高标、超标，重新定义专业护肤新标准，并获得中国科学院的强背书。
- 获得行业领导者地位：标准高十倍，背书强十倍，文化多十倍，专业强十倍。

第三，品牌无认知。在美容专业线，慧立康品牌毫无认知，营销非常困难。

- 借认知势，慧立康借助世界级公有大认知，快速建立"中国护肤界奢侈品"的品牌强认知。
- 获得十倍品牌竞争优势：品牌价值高十倍，品类优势强十倍，广告效果好十倍，选择机会多十倍。

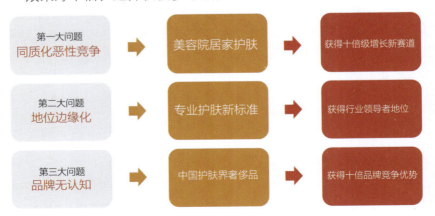

虽然此时的慧立康只是进入了新赛道、建立了标杆地位、创建了认知系统，但市场是否认可还得由经销商说了算，经销商的投票就是市场的投票。因此，我们认为品牌来到了一个历史性的时刻，并向全国各地的经销商发出了邀请函，邀请他们前来共同论证。

企业向几位重要的大经销商发出了诚挚的邀请。基于过往的合作和对创始人的尊重，有四位经销商来到了会场。然而，他们傲慢的态度几乎让主持人难以保持镇定。

鉴于会议现场这种情况，我们也打破常规，没有按照会议流程走。正当大家都不知道如何打破僵局时，我想，我应该当仁不让出场了。

打破僵局的关键在于顽固的旧认知，需要从品牌、渠道、市场、趋势、用户等方面重建他们的认知。结合第一阶段我们的工作成果，我将品牌未来3~5年的规划分享给了大家。整个会议持续了整整四个小时。当我把最后一句话说完时，全场静止了三秒钟，然后是雷动的掌声。四位经销商，不知什么时候已经端正坐好，眼里泛着光，听得津津有味。

最后，经销商在会议上重拾了信心，用一种与刚进门完全不同的态度开始与企业方洽谈接下来的合作。这场会议取得了圆满成功。

经销商重拾经营信心

通过一天的品牌战略研讨会，经销商的心态得到了彻底的改变，他们重拾了对厂家的信心。同时，研讨会还改变了他们的经营思维，打通了经销商对品牌的认知和看法。这形成了一种厂家倒逼经销商的势能，经销商的老总们一致表达了坚定跟随企业的决心。

"有了清晰的战略，我们不再观望，对慧立康的未来充满信心！"

——慧立康四川经销商刘汶武

"蒋老师，您彻底点燃了我们，十倍增长有方法！"

——慧立康湖南经销商郭立辉

我们的第一阶段工作获得了范教授和股东们的高度认可，并且在与经销商的论证会上赢得了大商们的大力支持。于是，慧立康急不可待地与我们签订了第二阶段的合作协议：品牌的辅导执行工作。这标志着我们与慧立康的合作进入了更深层次的阶段。

借产品势

在第一阶段，慧立康借助"美容院居家护肤"的新赛道，以及中国科学院的强大背书，建立了品牌的行业地位，同时创建了"中国护肤界奢侈品"的大认知。所有这一切，都将浓缩并落实到让消费者真真切切拿到手里的产品上。

借产品势的核心方法论——"产品四借"：

慧立康的产品是否具有"四借"的潜力？能否实现十倍价值的放大？

一、分析原产品

我们从四个层面分析慧立康产品是否具备十倍价值：

1.产品功能，能否放大十倍价值？

- 产品功能不聚焦，产品线重复，无法给用户提供十倍指引性的选择。

- 产品专业度过高，导致产品推广障碍重重，无法给用户提供十倍级的高度认知。

2.产品体验，能否放大十倍价值？

- 以"三补两锁"的模糊分类，难以让终端获得十倍级的感知，产品结构上的认知模糊。

- 产品在代谢、周期上难以把控，用户没有明显的体验感。

3. 产品颜值，是否放大十倍价值？

- 外观缺乏识别性，没有时尚度，缺少美学设计。

- 包装大众化，无法在竞品中脱颖而出，不能成为消费者的首选。

4. 产品矩阵，是否放大十倍价值？

- 产品线过长且混乱，产品概念不清晰。

- 产品结构混乱，搭配困难，要么功能重复，要么选择上让人纠结。

我们认为慧立康原有的产品体系，最多只能算是"优质品"，与我们追求的目标——十倍价值的"极致品"之间还有很长一段路要走。如何从终端无感、用户无感、对手无感的状态，转变为实现高感知、高一致性、高体验的产品？

二、慧立康产品四借

我们依然遵循"产品四借"的核心方法论，一步步进行拆解。

（一）借价值标杆：放大十倍价值

我们跳出了护肤品的刻板思维，直接对标品牌高度——"中国护肤界奢侈品"，并与"国际奢侈品大牌"对标；用制作"奢侈品"的态度来制作产品，将每个用户的脸部都视为独一无二的奢侈品。从此，在护肤界，慧立康没有真正意义上的竞争对手，直接与国际奢侈品比肩。

慧立康的产品价值标杆：中国护肤界奢侈品。

（二）借体验效果：放大十倍功能

1. 数倍行业标准

领先行业四代的未来级产品——细胞级护肤品。

1.0 化工级 （化工合成）	2.0 植物级 （化工+植物萃取）	3.0 生物级 （生物技术）	4.0 成分级 （核心成分）	5.0 细胞级 （补充细胞营养）

2. 数倍功能数据

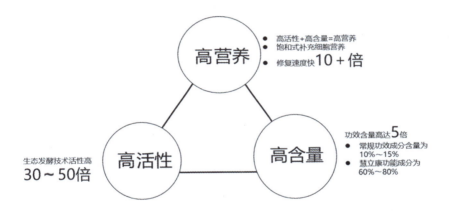

高营养
- 高活性+高含量=高营养
饱和式补充细胞营养
- 修复速度快 10 + 倍

高活性
生态发酵技术活性高
30～50倍

高含量
功效含量高达 5 倍
- 常规功效成分含量为
10%～15%
- 慧立康功能成分为
60%～80%

3. 十倍价值体验模式

体验产生十倍差距！体验产生十倍销量！慧立康重新构建了一套完整

的体验模式："肌肤盛宴"。我们的理念是：一上货就体验，一体验就爆单。"肌肤盛宴"执行的具体步骤包括：

第一，"肌肤盛宴"，移动百宝箱：每个市场配置10套百宝箱，内含标准实验工具和一本操作手册。

第二，品质拷问。

对比品牌	先闻	再看
国际大牌	一股烧焦的塑胶味，满屋臭味	烧完后，勺子上残留着黑色的塑胶，洗不掉
慧立康	一阵牛奶的乳香味道，清新而香甜	烧完后，勺子上无任何残留，非常洁净

第三，品质PK体验。

对比品牌	成分含量 PK	拉丝 PK
国际大牌	美导打开国际大牌的鱼籽水，用力摇晃后。瓶内只有极少量鱼籽泡	美导将国际大牌的鱼籽水轻轻倒在桌子上，液体断成多段，没有形成丝般垂直下流
慧立康	美导再打开慧立康的鱼籽水，用力摇晃后，瞬间整瓶充满了丰富的鱼籽泡	美导将慧立康的鱼籽水从桌面上方50厘米的高度倒下，液体像细丝一样顺滑，均匀地连在一起，连绵不断，晶莹透体，即使从1米或2米的高度倒下，也顺滑无断线

第四，功效体验PK洁面摩丝。

	去污大 PK	深度清洁大 PK	舒肤效果大 PK
动作	美导在左右手上都使用了同样的油性笔进行涂画	美导在左脸上涂上国际大牌产品，右脸上涂上慧立康产品，3秒钟后，用水冲洗	洁面完成后，同时用两张纸巾贴在左右脸上
国际大牌	左手使用国际大牌清洁，洗后还残留有黑色印记，即使用纸巾使劲擦，还有痕迹	使用国际大牌的左脸，表层看似清洁干净	使用国际大牌的左脸，感觉被黏住了，有紧绷感
慧立康	右手使用慧立康摩丝，3秒钟后，泡泡噼里啪啦地自动分解，用纸巾轻轻一抹，肌肤洁白无瑕	使用慧立康的右脸，肤色白净了3度，同时黑头被完全吸出，肌肤白里透亮	使用慧立康的右脸，纸巾完全贴不住，肌肤温润亲和

第五，功效体验PK塑型霜。

	收脸效果大 PK	提拉效果大 PK
对比品牌	美导在用户的左右脸上分别抹上国际大牌和慧立康的产品，同时按压了 30 秒钟	美导在用户的左右脸眼眉上方和颧骨下方同时抹上国际大牌和慧立康的塑形霜，按压了 3 秒钟
国际大牌	使用国际大牌的左脸没有变化	使用国际大牌的左脸没变化
慧立康	使用慧立康的右脸明显小了一圈	使用慧立康的右脸明显提拉了 3 度

90%参与体验的用户回到家后会做一件事：清空梳妆台，摆上慧立康的产品，并囤积一年的货物。

面对十倍增长新赛道上看似无比强大的竞争对手，慧立康利用美容院封闭式洗脑、深度体验的环境特征。我们通过放大十倍功能，在功能上绝对碾压；放大十倍体验，让用户亲自参与，秒杀对手。

（三）借颜值经济：放大十倍颜值

从美容院居家护理本身的"专业度"出发，慧立康必须在颜值上塑造"科学、专业"的产品外观。我们为慧立康产品打造了独特的颜值记忆——"实验室蓝"，通过"实验室"的大认知，产生"权威、专业、信任"的消费心理。

产品颜值改变前　　产品颜值改变后

（四）借矩阵锁客：放大十倍矩阵

在这个阶段，我们采取了一个关键性的措施：邀请专业的和非专业的老板共同参与。专业的老板大多是产品研发出身，习惯用研发思维来做产品；而非专业的老板多是业务销售出身，他们的出发点通常是"我想卖什么"。要构建一个能够实现十倍级碾压的产品线，我们需要统一思想，并把握三个关键点来构建产品矩阵：从痛点出发、到营销中去、满足用户需求。

- 从痛点出发：围绕痛点开发产品。
- 到营销中去：与竞品形成十倍的价值差异。
- 满足用户需求：形成一个无懈可击的闭环。

我们将全线产品打散重组，装入"拓、留、耗、升"四大模块中，让每个产品都带着不同的营销目的进入市场，使每个产品都成为作战矩阵中不可或缺的一部分。

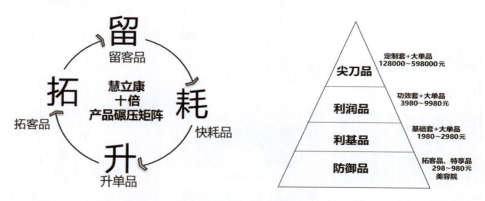

然而，即使再强大的产品体系，也需要一个强大的品牌形象来支撑，需要匹配高端品牌的视觉符号——强劲的"图腾势能"。

借图腾势

一个超级图腾，不仅仅是用来识别或记忆的，更是用来被崇拜、被追随的。只有被崇拜，才能产生粉丝效应和冲动消费，才能牢牢锁定用户的忠诚度。

因此，我们要向宗教学习如何打造品牌，让全世界的用户都成为我们的"信徒"。

慧立康如何"借图腾势"呢？

一、超级图腾

慧立康在建立超级图腾时，面临三大困难：

第一，在护肤品行业中，绝大多数好的图腾已经被占用。

第二，抽象理念需要视觉化、直观化。

第三，图腾必须传达品牌的本质，并成为行业的标志性象征。

一个超级图腾的创作，就是一个探索行业本质的过程。基于这个基本原则，我们从以下三个角度探索慧立康超级图腾的方向：

第一，女性为什么要护肤？

第二，护肤品的本质是什么？

第三，慧立康的核心价值是什么？

找到这三个问题的答案，就能确定慧立康超级图腾的创作方向。在采访了各个年龄层、来自不同地区的多位女性后，我们发现了一个出现频率最高的答案：恐惧衰老，害怕老去。当这个答案出现时，我自己也感到惊讶——是的，不经意间，"衰老"也曾让我焦虑过，更何况众多爱美女性呢？

明确了护肤品最根本的目的，也就是它的顶层逻辑：留住时光，逆龄抗衰！

人，为什么要用护肤品？我们回到消费的原点，就是为了

留住时光·逆龄抗衰

结合项目的核心定位：中国护肤界奢侈品。

当我们将世界顶级护肤品品牌的图腾符号放在一起时，我们发现了一个有趣的现象：这些世界级的品牌都有一个超级图腾。

而当我们将慧立康原来的品牌符号与它们放在一起时，差距显而易见。

因此，我们必须为慧立康提炼出一个足够匹配"中国护肤品界奢侈品"的超级图腾。我们的设计师开始构思：什么样的图形符号能够表达"留住时光，逆龄抗衰"的用户底层心理需求呢？在经过多次头脑风暴、排除多个不完美的图形后，我们最终选择了一个具有公共大认知的符号原型——"沙漏"，作为慧立康超级图腾的创作灵感。

"沙漏"代表"时光流逝"，但如何与品牌建立强关联呢？我们选择了慧立康"慧"字读音的首字母"H"，同时结合基因细胞的图形，与"沙漏"原型进行演绎创作。

惠字头个字母"H"　　时光沙漏　　基因细胞

在三个小组的设计团队经历了三个月的创作PK之后，当然出现了很多被淘汰的过程稿。

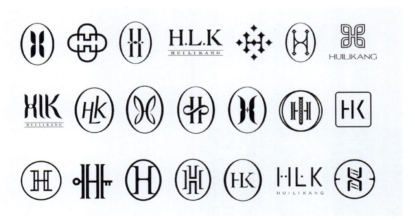

功夫不负有心人，慧立康的超级图腾终于在千呼万唤中露面了：

二、超级色彩

超级色彩和超级图腾都是超级视觉的主角。色彩是人眼第一个识别到的元素。纵观护肤品大牌的超级色彩：

再来看慧立康产品的专属颜值色——实验室蓝。

进一步结合慧立康的市场定位——中国护肤品界奢侈品。

最终，我们锁定了慧立康品牌专属的超级色彩：科研蓝+轻奢金。

最后，我们将这些色彩应用到超级图腾之上。

三、超级包装

有了主视觉形象后，我们还要将其落实到品牌的包装上，让包装成为品牌的超级推销员。

借营销势

　　慧立康原有的营销体系能否制造十倍冲突？答案是否定的。在整个项目的调研走访过程中，我们深刻感受到慧立康的营销体系处于绝对弱势，被市场碾压摩擦，完全被竞争对手排除在竞争之外。一度经销商失去信心，渠道失去信心，团队失去信心，营销缺乏方法。处境非常艰难。

　　面对核心团队的束手无策，我仍然以鼓励为主："慧立康当前面临的核心问题是：输在没有势能。产品再好，营销再努力，也需要在强大的势能下才能充分发挥作用。当务之急，我们先借势、造势，再做事。要搞大事，得先有势。"

当我们把前端品牌的势能蓄积起来，借来了赛道势、地位势、认知势、产品势、图腾势，这一切都需要通过一场营销硬仗来打出声量，引爆市场，震惊同行！慧立康已经可以向市场下战书，正式宣战了！

第一战，就是借一场震惊全国的大会。

一、借超级大会

2022年2月21日，广西桂林。

疫情肆虐，瓢泼大雨，所有专业线品牌都在困境中挣扎、失望、不知所措。99%的品牌连续两年没有开大会，销量断崖式下滑。此时的慧立康，已从2020年9月到2021年1月，这短短六个月里脱胎换骨，全面落地碾压式品牌竞争系统，一批超级经销商打造完成，信心百倍，销售目标五倍增长，带动全国所有经销商销售目标同比增100%。企业团队信心高涨，原来离队的高层纷纷请求归队！所有势能，正等待着2月21日桂林全国大会的检验！

来自全国各地的2000位院长，克服万难——订好的机票被取消，动车被停运，社区管控人员上门警告，没有任何困难可以阻挡他们参加慧立康的全国会！机票没有，就订动车，动车没有，就自己开车。有的院长开了46小时的汽车，翻山越岭奔赴现场！

在疫情之下，行业整体危机四伏，我们品牌的大会可以说是给了老板们、院长们一束希望之光。

本次全国大会，慧立康借助四大势能震撼全场：

第一，品牌造势。中国护肤界奢侈品：品牌十倍差距。

第二，营销借势。第一个与央视战略合作的专业线品牌：营销十倍冲击。

第三，产品升势。行业第一家携手中国科学院产品研发：产品十倍价值。

第四，赢利定势。百万门店签约保障计划：终端十倍赢利。

通过四大动作实现绝对收现：

第一，先卖货，再订货。现场打电话给用户，先收20万元，再订50万元，建立成交信心。

第二，先搞定院长，再搞定用户。换个角色，院长掏钱，用户更会买单，建立销售信心。

第三，先见效果，再讲产品。现场体验、现场对比，建立功效信心。

第四，先学手法，再学原理。正本清源，先激发巨大兴趣，抱着学原理，建立专业信心。

全国大会结束后，慧立康的门店从三个月300家、六个月800家、再到1000家……如此迅猛扩张，营销业绩迎来了空前的好赚，企业、团队、经销商、渠道都满心欢喜看到了希望和前景。

二、借超级事件

做一万件小事，不如做一件大事；大事件能带来大影响！

超级事件一：近30年来，无数全球顶级品牌都曾梦想进入世界护肤品之都——法国，并与法国顶级殿堂"罗浮宫"携手，但最终都纷纷铩羽而归。而慧立康成为第一个推出罗浮印象系列产品的品牌。

2024年，罗浮宫·童颜集已亮相，再次以绝无仅有的世界级高度碾压全场！

超级事件二：通过重新定义行业标准，正式发布《中国护肤5.0白皮书》。

慧立康联合3大央视媒体、10位顶级专家、100家主流媒体、1000位护肤主播、10000家美容院，以及全球100000个资深用户，召开了一场震惊行业、改变行业标准、唤醒用户觉醒的白皮书超级发布会，将专业线推向了更专业、更健康、更具发展的新高度。

在借营销势的实操上，慧立康做到了：用一个大事件改变一个行业！用一个大动作成就一个品牌！要么不出手，一出手必然震撼行业，引爆市场！

项目总结

以上便是国牌智造伴随慧立康一路走来的历程，从最初的危机四伏、步履维艰，到如今成为全行业仰视的"中国护肤界奢侈品"。

项目服务周期结束后，我们对慧立康在这场激烈竞争中的变革进行了复盘：

- 一场超级大会重新定义了行业，制造了十倍冲突，奠定了中国护肤界奢侈品的地位。在疫情的艰难时期，实现了百万门店签约保障计划：品牌地位拉开了十倍差距，终端实现了十倍赢利。

- 一个借牌大动作，与罗浮宫联名，为品牌营销带来了十倍竞争力。慧立康成为第一个携手罗浮宫的中国品牌：销售目标增长了数倍，带动全国所有经销商，销售目标实现大增长。

- 一个超级大事件，与中国科学院战略合作研发产品，赢得了十倍影响力。为品牌赢得了十倍的行业高度和信任，产品价值放大了十倍。

经过九个月的陪伴，慧立康第二阶段的品牌辅导工作也进展到了一个新阶段。在本阶段，我们的工作成果共交付了三大辅导项目。

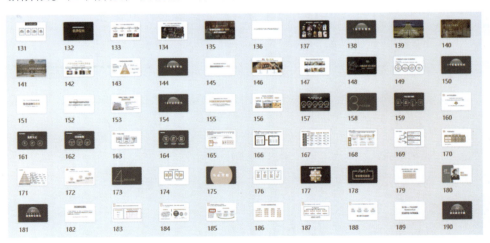

第一项目：打磨产品优势

- 慧立康的产品在市场竞争中毫无优势，连续三年业绩严重下滑。

- 借产品势：慧立康放大了十倍功效、十倍体验和十倍颜值，形成了产品强势碾压。

- 产品获得了十倍的竞争优势：产品功效提升了十倍；产品体验提升了十倍；产品颜值提升了十倍；产品矩阵提升了十倍。

第二项目：重建品牌形象

- 慧立康在美容专业线的品牌形象很低廉，用户无视、门店轻视。

- 借图腾势：慧立康通过超级图腾、超级色彩、超级包装成为偶像级品牌。

- 形象超越了对手十倍差距：品牌图腾比肩世界品牌；品牌超级色彩高端权威；品牌超级包装自我推销能量强十倍。

第三项目：赋能营销体系

- 慧立康在与强劲对手竞争时营销很弱势，天天挨打、处处被动。

- 借营销势：慧立康借大事件、大动作、超级大会使营销业绩大增长。

- 营销赢得了十倍强势能：提振市场十倍信心；品牌赢得了十倍影响力；招商引来了十倍大经销商。

第二阶段的成果获得了100%的认可和执行，并取得了100%的成果。

真正实现了"借六势、强十倍、细分做第一"的目标！

至此，我们与慧立康的阶段性战略合作工作正式宣告一段落。而对于品牌即将扬帆起航的旅程，才刚刚开始。慧立康的董事长在我们合作的过程中，也与我们建立了深厚的友谊。他录制了一个视频，希望感召更多的中国企业，在遇到发展瓶颈时，一定要寻找专业的咨询公司合作。视频内容如下："我们长水集团与'国牌智造'的合作始于2021年。通过与'国牌智造'的合作，我们发现'国牌智造'在品牌设计、系统化运作、品牌推广策略，以及品牌结构、会议模式、产品梳理等方面都给予了我们巨大的、专业的帮助。国牌智造确实是一家真正称得上优秀的公司。能够与他们合作，我们对未来的发展充满希望！能够遇到这样负责任、有匠心、有专业度、有内涵的公司，我们也相信可以一起走得更远，为中国美容行业做出更大的贡献！我们非常感谢国牌智造，并预祝国牌智造成为全国乃至全世界最优秀的公司！"

慧立康是一家懂得感恩的公司。当品牌超级大会结束时，慧立康董事长带领200位团队成员在酒店大堂门口列队，深鞠躬欢送顾问团队返程。这一刻，所有的努力都是值得的。

愿慧立康坚守初心，代言中国专业线品牌，行销全球……

我们也希望借着碾压式竞争系统帮助更多处于困境中的企业，通过借势碾压，用最低成本实现化弱为强、以小博大，用3~5年时间成为细分行业排名第一的企业！最后，祝福有梦想、有抱负、有使命的企业家能打造出让国人引以为豪的民族品牌，走出国门，享誉世界，造福人类……

结束语

感谢你耐心地阅读完这本书。

《碾压式竞争》中关于借六势、强十倍、细分做第一的方法论已经分享完毕。但国牌智造助力中小企业品牌逆袭的故事每天都在不断上演……

经营的终极目标是品牌，唯有品牌，才能穿越经济周期，永不落幕。中国企业在创建品牌的方法论上，也应该从学习、模仿西方的理论和体系，开始大胆探索更适合中国企业的品牌方法论。

在下一本书中，我将试图为中国品牌寻根找魂，在中国五千年的文化沉淀中，萃取出属于中国的品牌理论体系。将天、地、人，儒、释、道、国学思想，心法与算法，融会贯通。用中国智慧演绎东方品牌、东方美学、东方生活方式。用东方智慧影响世界，让全球聆听中国的声音，让世界爱上中国品牌。我将付出毕生的心血，陪伴成长中的中国企业，从中国走向世界，实现一个共同的梦想！

你与我因书结缘，如果在品牌发展中有任何困惑或需求，请与我联系。我将毫无保留地为你指点迷津，一招破局！没有小到不能参与竞争的企业，也没有强大到不可以被挑战的品牌！告诉我你的品牌梦想，我助你实现！

蒋桦伟

"碾压式竞争"开创者与践行者

品牌筑梦人

2024年11月28日